42 WordPress-Tipps

Vladimir Simovic
Thordis Bonfranchi-Simovic

42 WordPress-Tipps

Bibliografische Information der Deutschen Nationalbibliothek

Die Deutsche Nationalbibliothek verzeichnet diese Publikation in der Deutschen Nationalbibliografie; detaillierte bibliografische Daten sind im Internet über http://dnb.dnb.de abrufbar.

ISBN 978-1-4912-4986-4
1. Auflage 2013

Vladimir Simovic
Thordis Bonfranchi-Simovic

Gerstenkamp 16
51061 Köln

www.perun.net
kontakt@perun.net

Inhaltsverzeichnis

Vorwort

Dieses Buch richtet sich an alle WordPress-Nutzer, die auf der Suche nach praxiserprobten Tipps sind, mit denen Sie mehr aus Ihrer WordPress-Installation herausholen können. Sie können dieses Buch von Anfang bis zum Ende lesen, es eignet sich aber auch sehr gut als Nachschlagewerk, welches man Querlesen kann.

Falls Sie auf der Suche nach einer Anleitung sind, die sich mit der redaktionellen Betreuung einer WordPress-Installation beschäftigt, dann können wir Ihnen das E-Book WordPress für Autoren und Redakteure[1] empfehlen.

Wenn Sie mehr über die Wartung und die Administration von WordPress erfahren möchten, dann ist das E-Book WordPress für Administratoren und Webmaster[2] genau das richtige für Sie.

Wenn Sie im Allgemeinen mehr über WordPress erfahren möchten, dann können Sie den Newsfeed von unseren Websites perun.net und wpbuch.de abonnieren.

Bevorzugen Sie E-Mail bzw. Newsletter, dann empfehlen wir Ihnen unseren kostenlosen, wöchentlichen Word-Press-Newsletter[3].

Vladimir Simovic und Thordis Bonfranchi-Simovic, Juli 2013

---

1   wpbuch.de/autoren-redakteure/
2   wpbuch.de/administratoren-webmaster/
3   wordpress-newsletter.perun.net

A. Tipps für Administratoren und Redakteure

In diesem Abschnitt finden Sie Tipps rund um die redaktionelle und administrative Betreuung einer WordPress-Installation.

1. Wie ändere ich meinen angezeigten Namen?

Während der Installation von WordPress wird man nach einem Benutzernamen gefragt, mit dem man sich in Zukunft in seinem Blog bzw. in seinem CMS anmelden kann. Standardmäßig ist hier der Benutzername *admin* schon vorgegeben, den man allerdings aus Sicherheitsgründen abändern sollte. Lesen Sie dazu auch unseren Tipp "Nicht admin als Nutzernamen wählen".

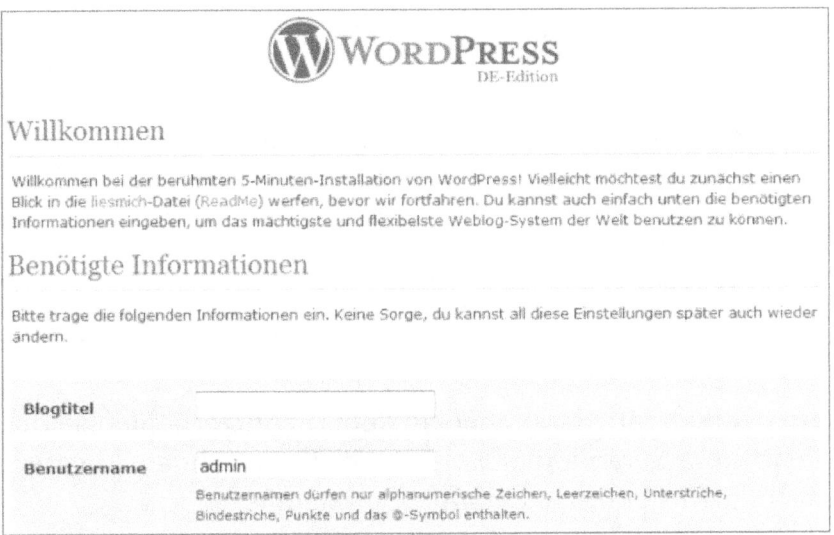

WordPress-Benutzernamen während der Installation festlegen

Eine weitere Standardeinstellung ist dann, dass dieser Benutzername gleichzeitig der Name ist, der im Blog angezeigt wird, wenn es z. B. darum geht den Autor eines Artikels zu nennen. Der Benutzername entspricht also dem "Öffentlichen Namen". Aus sicherheitstechnischer Warte kein besonders kluger Schachzug Hackern schon einen Teil der Anmeldedaten auf dem Silbertablett zu präsentieren.

Es ist also nicht ratsam diese Standardeinstellung zu belassen. Es empfiehlt sich den Öffentlichen Namen abzuändern.

Um den Öffentlichen Namen abzuändern, wählt man im Backend der WordPress-Installation sein Profil aus. Das geht zum einen über das Menü links ("Benutzer / Dein Profil") oder aber über den Menüpunkt "Profil bearbeiten", der erscheint, wenn man mit der Maus über sein Profil fährt, das rechts oben in der Admin-Leiste verlinkt ist.

Profil aufrufen

Hier kann man dann, neben dem Benutzernamen – der nicht mehr veränderbar ist – noch die folgenden Angaben machen: Vorname, Nachname, Spitzname.

Aus diesen Angaben und den unterschiedlichen Kombinationen daraus, also z. B. Vor- und Nachname kann man dann im Dropdownfeld darunter den "Öffentlichen Namen" auswählen.

Name	
Benutzername	▮▮▮▮▮▮▮
Vorname	Thordis
Nachname	Bonfranchi-Simovic
Spitzname *(erforderlich)*	Sahanya
Öffentlicher Name	Sahanya ▾

Den öffentlichen Namen festlegen

Eine einfache Maßnahmen mit großer Wirkung.

Sie haben nun einen Benutzernamen zum Einloggen in Ihre WordPress-Installation und einen Öffentlichen Namen, der als Autorangabe bei Ihren Artikeln erscheint.

2. Wie plant man Artikel für die Zukunft?

Für die Veröffentlichung eines Artikels bzw. eines Beitrags in WordPress stehen einem im Modul "Veröffentlichen" einige Optionen zur Verfügung.

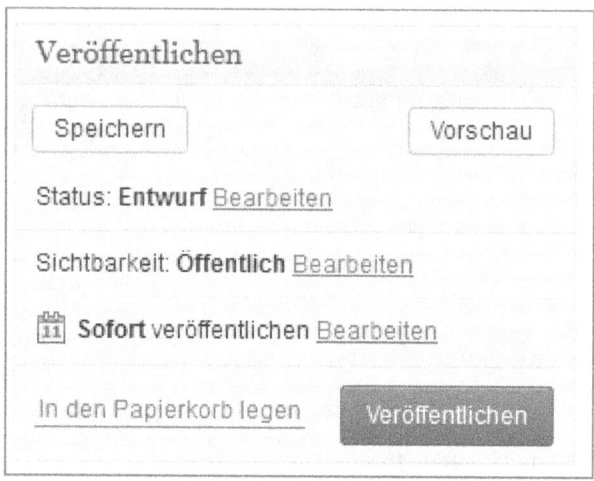

Das WordPress-Modul "Veröffentlichen"

Hier kann man z. B. bestimmen, ob der gerade verfasste Beitrag als Entwurf gespeichert werden oder direkt veröffentlicht werden soll. Man kann festlegen, dass der Beitrag einen Passwortschutz hat, privat oder öffentlich, also für jeden sichtbar, sein soll.

Und man kann den Zeitpunkt der Veröffentlichung bestimmen!

Mit einem Klick auf auf den Link "Bearbeiten" bei *Sofort veröffentlichen* öffnet sich ein Datumsfeld, in dem man angegeben kann wann genau der Artikel veröffentlicht werden soll – und zwar minutengenau!

Genauen Zeitpunkt der Veröffentlichung festlegen

Mit dieser Möglichkeit kann man die Veröffentlichung eines Beitrags in die Vergangenheit, aber auch in die Zukunft datieren. Er wird sich in den "Fluss" der anderen Beiträge einreihen.

Man hat also die Möglichkeit Artikel bzw. Beiträge zu verfassen, die erst später für die Besucher der Website sichtbar werden.

3. Wie füge ich Sonderzeichen ein?

Hin und wieder passiert es: man muss einen ausländischen Begriff oder Namen schreiben, der ein Sonderzeichen enthält oder man muss eine Formel mit einem mathematischen Operator einfügen oder einen Bruch. Alles Sonderzeichen, die man auf der Tastatur nicht hat.

Vielleicht möchte man auch einen Artikel über den neuesten Krimi von Joe Nesbo schreiben. Da wäre es ja schon schön seinen Namen auch korrekt zu schreiben, der lautet nämlich Jo Nesbø.

Nun gibt es mehrere Möglichkeiten das Problem zu lösen: man ignoriert die korrekte Schreibweise, man sucht sich das o mit dem Strich aus einer Sonderzeichentabelle im Internet. Es geht aber auch viel einfacher.

Der visuelle Editor von WordPress bringt eine eigene Sonderzeichentabelle mit.

Diese wird angezeigt, wenn man die Menüleiste des Visuellen Editors erweitert, indem man den Button "Werkzeugleiste anzeigen/verstecken" (letzter Button, der oberen Reihe) anklickt.

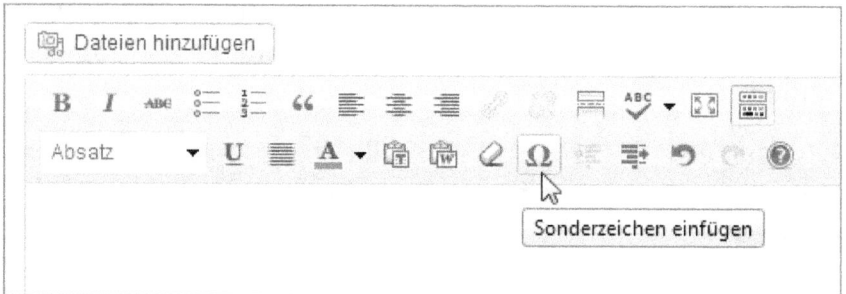

WordPress-Sonderzeichentabelle anzeigen

Ein Klick auf den Button "Sonderzeichen einfügen" öffnet nämlich eine Tabelle mit sämtlichen verfügbaren Sonderzeichen.

Sonderzeichen einfügen

Das Schöne an dieser Tabelle ist, dass man die Sonderzeichen nun mit einem Klick in seinen Text einfügen kann, aber auch die Möglichkeit hat den passenden HTML-Code zu kopieren oder sich den NUM-Code zu merken.

So hat man die Möglichkeit (über einen kleinen Umweg) die Sonderzeichen auch in HTML-Dokumenten einzufügen oder aber über den Nummernblock der Tastatur einzufügen.

Arbeitet man normalerweise immer im Text-Editor kann man nach dem Einfügen des Sonderzeichens auch wieder zurück wechseln und kann auch so den Vorteil des Visuellen Editors nutzen.

Einer Buchrezension über das neueste Werk von Joe Nesbø steht also nichts mehr im Wege.

4. Spalten im Admin-Bereich anpassen

Um effektiv mit WordPress arbeiten zu können, gehört es dazu, dass man sich in "seinem" Backend wohl fühlt, dass man die Dinge, die man braucht jederzeit griffbereit hat und dass alles so angeordnet ist, dass es sich optimal in den persönlichen Arbeitsfluss einfügt.

Eine Möglichkeit, die einem WordPress dafür gibt, ist z. B. die Angabe wie viele Spalten man auf den verschiedenen Seiten im Backend angezeigt bekommen möchte. Dabei muss man unterscheiden nach Seiten mit Modulen, wie zum Beispiel dem Dashboard oder Seiten zum Verfassen von Beiträgen und Seiten und Seiten mit tabellarischen Auflistungen, wie z. B. die Medien- und Kommentarübersicht oder auch die Übersichtsseiten von allen Beiträgen und Seiten.

Beiden Möglichkeiten (Modulseiten und Übersichtsseiten) ist allerdings gemein, dass die Einstellung über den Reiter "Option" aufrufbar ist, der sich in der rechten oberen Ecke im Backend befindet, gleich unter dem Willkommensgruß.

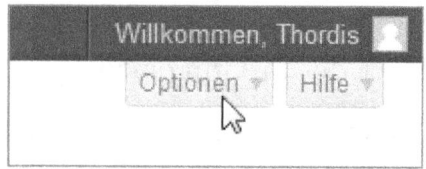

WordPress-Optionen aufrufen

4.1 Spalten auf Modulseiten anpassen

Auf Modulseiten kann man bei den Optionen zum einen festlegen welche man angezeigt bekommen möchte und welche eben nicht und man kann festlegen in wie vielen Spalten diese Module angezeigt werden sollen.

Auf den Seiten "Neuen Beitrag erstellen" und "Neue Seite

erstellen" kann man sich für die Anzeige einer oder zwei Spalten entscheiden. Die Anzeige von nur einer Spalte ist z. B. von Vorteil, wenn man an einem kleinen Bildschirm arbeitet und somit dem Editor mehr Platz einräumen[4] möchte.

Auf dem Dashboard kann man sich die Module sogar in ein bis vier Spalten anzeigen lassen.

Eine Besonderheit des Dashboards ist zudem, dass sich die Optionsmöglichkeit verändert. Je nach dem wie groß bzw. klein das Browserfenster ist, kann man nur zwischen ein oder zwei Spalten wählen.

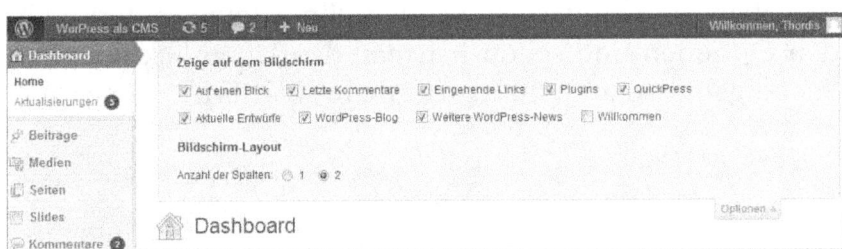

Bei kleinem Browserfenster kann man sich bis zu 2 Spalten auf dem WordPress-Dashboard anzeigen lassen

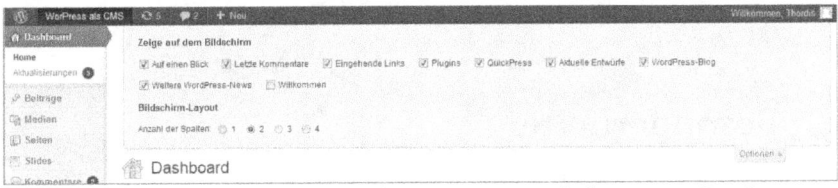

Bei großem Browserfenster kann man sich bis zu 4 Spalten auf dem WordPress-Dashboard anzeigen lassen

Es sei hier auch noch einmal ausdrücklich darauf hingewiesen, dass sich die Module per Drag & Drop, also Klicken & Ziehen auch frei (innerhalb der gewählten Spalten) positionieren lassen.

---

4   wpbuch.de/?p=820

4.2 Spalten auf Übersichtsseiten anpassen

Die Übersichtsseiten zeichnen sich dadurch aus, dass sie tabellarische Aufstellungen beinhalten, z. B. aller Beiträge oder Seiten. Hier kann man über die Optionen zum einen festlegen welche Spalten angezeigt werden sollen und zum anderen wie viele Zeilen.

Die Angabe darüber wie viele Zeilen angezeigt werden sollen, ist besonders dann interessant, wenn man sich die Ansicht von Suchergebnissen übersichtlicher präsentieren möchte. Vorstellbar ist z. B., dass man 25 Suchergebnisse hat, aber nur 20 angezeigt werden. Eine kleine Änderung in den Optionen und schon hat man den Überblick über alle Suchergebnisse und muss nicht mehr "blättern".

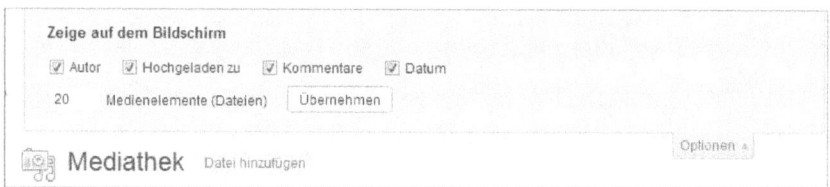

Das Optionsmenü der Mediathek, eine Listen- bzw. Übersichtsseite

4.3 Besonderheiten

Design / Widgets

Auf der Widget-Seite finden Sie im Options-Menü lediglich den Link "Zugänglichkeitsmodus aktivieren" bzw. "Zugänglichkeitsmodus deaktivieren". Er ermöglicht es Ihnen die standardmäßige Möglichkeit Widgets per Drag & Drop in den Sidebars zu platzieren, per Mausklick zu realisieren.

Ist der Zugänglichkeitsmodus aktiviert erscheint bei den einzelnen Widgets der Link "Hinzufügen", die Möglichkeit die Widgets mit Klicken & Ziehen zu platzieren funktioniert nicht mehr.

Ein WordPress-Widget im aktivieren Zugänglichkeitsmodus

Klickt man auf den Link "Hinzufügen" so öffnet sich das Widget, um Anpassungen vorzunehmen, in einem neuen Fenster.

WordPress-Widget konfigurieren

Design / Menüs

Auf der Seite zur Erstellung von eigenen Menüs finden Sie im Optionsmenü anstatt der Auswahl der Spalten die Möglichkeit sich erweiterte Menüeigenschaften anzeigen zu lassen.

WordPress-Optionen beim Erstellen von Menüs

Somit kann man die Elemente in seinem Menü mit den zusätzlichen Eigenschaften "Linkziel" (soll sich der Link in einem neuen Fenster öffnen), "CSS-Klasse", "Link-Beziehung (XFN)" und eine "Beschreibung" versehen.

Das kann insbesondere dann interessant sein, wenn man z. B. mit Hilfe des Menüs eine Blogroll erstellt[5].

5. Wie bearbeitet man im Nachhinein eine Galerie?

Wenn man einen Beitrag mit einer umfangreichen (oder auch weniger umfangreichen) Galerie erstellt hat und danach einen Fehler in der Anordnung oder der Beschriftung der Bilder entdeckt, oder man einfach etwas ändern möchte, ist das immer ärgerlich.

Denn wenn man mit dem Text-Editor von WordPress arbeitet, hat man einen Shortcode, ähnlich dem folgenden, den man im Zweifelsfall dann löscht um eine "neue" Galerie einzufügen.

```
[gallery ids="2190, 2186, 2188, 2195, 2198,
2196, 2192, 2200, 2199, 2201, 2189"]
```

---

5   wpbuch.de/?p=790

Das Tauschen von Bildern ist hier zwar ohne weiteres möglich, aber mal ehrlich, wer weiß den schon genau welches Bild sich hinter der ID 2198 versteckt?

Aber es gibt einen kleinen Trick, wie man das nachträgliche Ändern von Galerien bewerkstelligt ohne eine neue Galerie erstellen zu müssen: man wechselt in den Visuellen Editor und klickt dann auf den Button "Galerie bearbeiten".

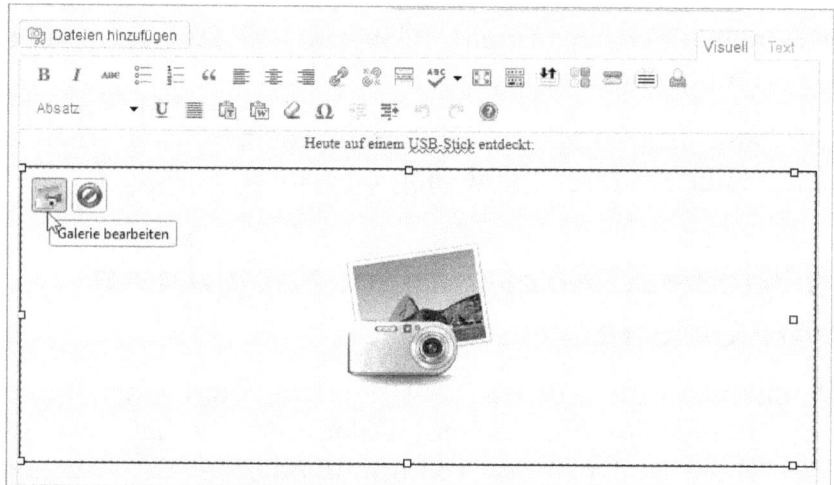

Eine WordPress-Galerie bearbeiten

Damit der Button erscheint, muss man auf das Symbolbild der Galerie klicken, das im Visuellen Editor dargestellt ist.

Somit gelangt man direkt in den Bearbeitungsmodus der betroffenen Galerie, kann die Bilder neu platzieren, beschriften oder aber auch neue Bilder hinzufügen oder bereits enthaltene löschen.

Nach dem Update der Galerie darf man allerdings nicht vergessen auch den Beitrag, in dem die Galerie enthalten ist, zu aktualisieren, sonst greifen die Änderungen nicht.

6. Worauf muss ich achten, wenn ich eine Galerie aus Bildern erstelle, die schon in anderen Galerien eingebunden sind?

Wenn man eine Galerie mit Bildern bestückt, die schon in einem anderen Artikel Teil einer Galerie sind, kommt es zu Problemen, wenn man die Bilder dieser Galerie auf Ihre Anhang-Seite verlinkt – und das ist die Standardeinstellung.

Die Standardverlinkung für Galerien in WordPress führt auf eine Anhang-Seite

Klickt der Besucher nämlich auf solch ein Bild, so landet er dann in der Serie mit Bildern der ursprünglichen Galerie.

ACHTUNG – Dieses Problem taucht selbst dann auf, wenn die Bilder in der ursprünglichen Galerie nicht (!) mit einer Anhang-Seite verlinkt sind bzw. sogar gänzliche ohne Verlinkung eingefügt wurden.

Handelt es sich um eine "gemischte" Galerie, d. h. eine Galerie, die aus neuen Bildern besteht und solchen, die aus Bildern bestehen soll, die in einer anderen Galerie bereits eingebunden sind, tauchen die bereits verwendeten Bilder erst gar nicht in der aktuellen Serie auf.

Die einzige Möglichkeit, die man hat um dieses Phänomen zu umgehen ist es entweder auf die Verlinkung komplett zu verzichten oder aber eine Verlinkung auf die Medien-Datei festzulegen.

7. Wie deaktiviert man Jetpack-Module?

Das Plugin Jetpack[6] ist ein Allrounder, es beinhaltet viele sehr nützliche Funktionen, die in sogenannten Modulen aktivierbar sind. Mit der Installation von Jetpack, also einem einzigen Pluing, erspart man sich oft mehrere andere Plugins.

Jepack gehört damit definitiv zu den beliebtesten Plugins für WordPress und auch wir berichten regelmäßig[7] über Jetpack und seine Neuerungen.

Was aber etwas im Verborgenen liegt, ist die Dekativierung einzelner Module, denn es kann selbstverständlich immer sein, dass man für die ein oder andere Funktion doch lieber ein anderes Plugin einsetzen möchte oder sie einfach nicht benötigt.

Aber wo ist der Deaktivieren-Button? Den habe ich am Anfang ein bißchen gesucht, bis ich durch Zufall auf "Mehr erfahren" geklickt habe. Dann ändert sich der Button "Konfigurieren" in "Dekativieren". Ein Schelm, wer hier pöhses denkt. :-)

---

6   jetpack.me
7   perun.net/tag/jetpack/

In WordPress ein Jetpack-Modul deaktivieren

8. Kann man Jetpack-Module auch ohne die Registrierung bei WordPress.com nutzen?

Jetpack ist ein Plugin von WordPress.com, das einige nette Features aufweist — öfter haben wir schon darüber auf perun.net berichtet.

Eine Voraussetzung für die Nutzung einiger Module ist allerdings die Registrierung bei WordPress.com.

Nun gibt es aber durchaus Fälle bei denen man gerne einzelne Module des Jetpack-Plugins nutzen möchte, eine Registrierung bei WordPress.com jedoch nicht. Für einzelne Module gab und gibt es da auch Abhilfe, wie z. B. Gallery Carousel Without JetPack[8], aber jetzt gibt es ein abgespecktes Jetpack, das funktioniert ohne, dass man sich bei WordPress.com registrieren muss: Slim Jetpack[9].

Slim Jetpack ist also eine schöne Alternative bzw. Ausweichlösung für alle, die nicht das Original nutzen möchten oder können.

ACHTUNG – Zu beachten ist lediglich, dass die beiden Plugins nicht kompatibel sind, man sollte sie also nicht gleichzeitig installieren.

9. Wo finde ich eine Übersicht aller Einstellungen meiner WordPress-Installation?

Wenn ich der Herausgeber einer bestimmten Computer-Zeitschrift wäre, Sie dürfen drei Mal raten, welche ich meine, dann würde ich diesem Abschnitt mindestens ein komplettes E-Book spendieren und mit einem kraftvollen Titel wie »Undokumentierte Einstellungen«, »Geheime Hebel im System«, »Tunen Sie Ihr Weblog«, »Geheim: den versteckten Einstellungen auf den Zahn gefühlt« etc. zieren ... aber das hier ist keine Zeitschrift, daher wird es nur einen

---

8 wordpress.org/plugins/carousel-without-jetpack/
9 wordpress.org/plugins/slimjetpack/

kurzen Hinweis auf das Thema geben. Wenn Sie die URL
.../wp-admin/options.php Ihrer WordPress-Installation aufrufen, dann bekommen Sie folgendes Bild zu sehen:

Einstellungen	
active_plugins	SERIALIZED DATA
admin_email	kontakt@perun.net
advanced_edit	0
auth_salt	dR41*w#03rTvSdsOdQoSYUIp98x)8(z^ukPzh(
avatar_default	mystery
avatar_rating	G
blacklist_keys	
blogdescription	Ein weiteres tolles WordPress-Blog
blogname	Praxisbuch
blog_charset	UTF-8
blog_public	1
can_compress_scripts	1
category_base	/kategorie
category_children	SERIALIZED DATA
close_comments_days_old	14
close_comments_for_old_posts	0
comments_notify	1

Alle WordPress-Einstellungen auf einen Blick

Sie bekommen hier alle Einstellungen Ihrer Word-
Press-Installation übersichtlich auf einer Seite präsentiert.
Hier können Sie auch Plugin-Einstellungen einsehen und
bearbeiten und Sie können sogar Einstellungen tätigen, für
die es im Admin-Bereich keine Einstellungsmöglichkeiten
gibt, wie die Einstellung für den MIME-Typ für den Inhalt
des Weblogs.

10. Welche Plugins nehmen mir automatisiserte Backups ab?

Beim Arbeiten mit WordPress-Projekten ist eins sehr wichtig: regelmäßig ein Backup erstellen. WordPress stellt dafür schon ein sehr einfaches Tool zur Verfügung, das man unter dem Menüpunkt "Werkzeuge / Daten exportieren" findet. Wie das genau funktioniert haben wir in dem Artikel Daten-Export und -Import mit WordPress[10] beschrieben. Der Haken an der Sache? Man muss schon selber daran denken auch in regelmäßigen Abständen ein Backup zu erstellen.

Im Plugin-Verzeichnis von WordPress werden Sie einige Plugins finden, die Ihnen dabei helfen automatisierte Backups ihrer WordPress-Installation und der Datenbank zu erstellen.

Zwei kostenlose Plugins möchten wir Ihnen hier vorstellen.

10.1 Backup to Dropbox

Mit dem Plugin WordPress Backup to Dropbox[11] müssen Sie sich – nach einer einmaligen Einrichtung – um nichts mehr kümmern und die gesicherten Daten landen direkt in der Dropbox.

Hinweis – Wenn Ihnen die Dropbox (noch) nichts sagt, empfehle ich Ihnen den Artikel Dateien: Backup, Synchronisierung, Teilen mit Dropbox[12], in dem Sie alles wissenswerte über die Dropbox erfahren.

---

10   wpbuch.de/?p=329
11   wordpress.org/extend/plugins/wordpress-backup-to-dropbox/
12   webwork-tools.de/?p=444

Am besten erstellt man schon vor der Installation im Ver-
zeichnis *wp-content* einen Unterordner mit dem Namen
backups und setzt dessen Schreibrechte CHMOD auf 777.
Hat man dies nicht vor der Aktivierung des Plugins getan, erhält man nämlich als erstes eine Fehlermeldung, die genau
dies beanstandet. Der Ordner wird benötigt um später die
Backup-Dateien temporär zu speichern.

Nach der Installation und Aktivierung des Plugins muss man
zunächst einmal dem Plugin erlauben die Dropbox zu kon-
taktieren. Danach muss man noch einige Einstellungen festlegen:

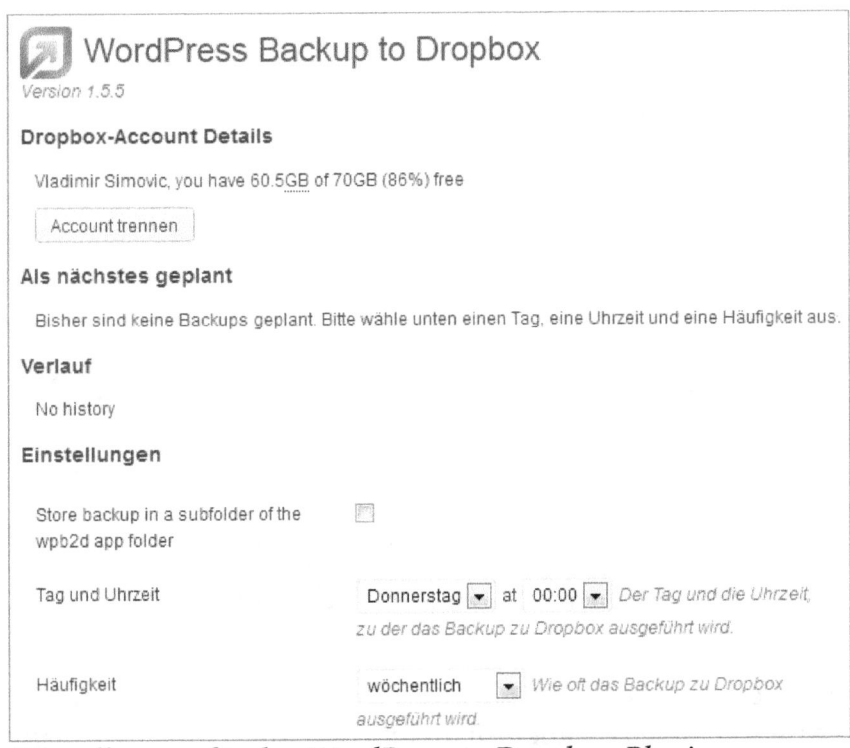

Einstellungen für das WordPress to Dropbox-Plugin

1. Evlt. einen Namen für den Ordner festlegen, in dem die Backup-Dateien in der Dropbox gespeichert werden sollen.
2. Tag und Uhrzeit festlegen, an dem ein Backup erstellt werden soll.
3. Die Häufigkeit der Backups festlegen.

Zusätzlich dazu kann man einzelne Dateien und/oder Ordner vom Backup ausschließen.

Einzelne Dateien vom Backup ausschließen

Die SQL-Dump-Datei wird allerdings immer Teil des Backups sein.

Mit dem Menüpunkt "Backup Log" kann man das Backup natürlich jederzeit auch manuell anstoßen und muss nicht bis zum festgesetzten Termin warten.

ACHTUNG – Die erstellte Datei überschreibt sich jedes Mal, möchte man also auch ältere Sicherungen behalten muss man diese verschieben oder umbenennen.

Das Plugin bietet sogar noch zwei Premium-Erweiterungen an: die Speicherung als .zip-Datei in der Dropbox und die Benachrichtigung per E-Mail über erfolge Backups.

10.2 BackWPup

Das Plugin BackWPup[13] besticht vor allen Dingen durch die vielfältigen Möglichkeiten wo man sein Backup speichern kann:

*   Backup in einen lokalen Ordner
*   Backup wird als E-Mail versendet
*   Backup auf einen FTP-Server
*   Backup in die Dropbox
*   Backup bei Amazon S3
*   Backup bei Microsoft Azure (Blob)
*   Backup bei RackSpaceCloud
*   Backup bei SugarSync

Dabei kann man sich aussuchen wie die gesicherten Dateien gepackt werden sollen (zip, tar, tar.gz, tar.bz2), wie sie heißen soll, wann das Backup erstellt werden soll und in welcher Regelmäßigkeit (monatlich, wöchentlich, stündlich).

Bei der Auswahl der zu sichernden Daten kann man folgende Optionen auswählen, die sich nicht gegenseitig ausschließen. Es gibt also kein "entweder oder":

*   WP XML-Export

---

13   wordpress.org/extend/plugins/backwpup/

- Datenbank-Sicherung
- Dateien-Sicherung
- Liste der installierten Plugins

Gleichzeitig kann man auch die Datenbank optimieren oder überprüfen lassen.

Um nun ein Backup zu erstellen, legt man sich einen Auftrag an, dem man einen möglichst einprägsamen Namen gibt, wählt alle gewünschten Optionen aus und vor allen Dingen den Ort, an dem das Backup gespeichert werden soll.

Wählt man die Datenbank-Sicherung kann man einzelne Datenbanktabellen ein- und ausschließen. Wählt man die Dateien-Sicherung kann man auch hier auswählen, ob Dateien oder Ordner mit gesichert werden sollen oder eben nicht.

Ein so erstellter Auftrag erscheint dann in der Auftragsliste. Es ist also möglich sich montags ein Backup der Datenbank an die Dropbox senden zu lassen, mittwochs ein Backup der Dateien an eine E-Mail-Adresse, monatlich am 1. ein Backup der Datenbank und der Dateien auf seinem Server zu sichern usw.

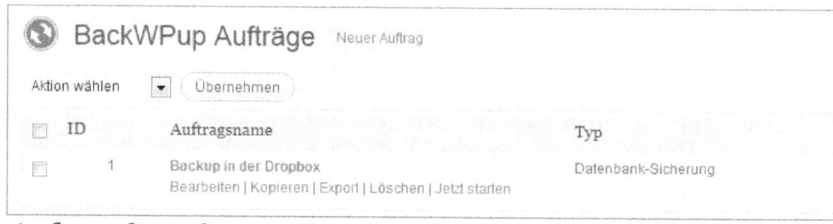

Auftragsliste der WordPress-Backups

Eine weitere schöne Option ist, dass man angeben kann wie

viele Sicherungsdateien behalten werden sollen und sich die Sicherungen somit nicht immer selbst überschreiben.

11. Wie füge ich eine Tabelle ein? (manuell, Plugin)

Möchte man in einem Artikel oder auf einer Seite eine Tabelle einfügen, so hat man mehrere Möglichkeiten. Welche man schlussendlich wählt, hängt davon ab woher die Tabelle stammt bzw. ob die Tabelle in einem anderen Format schon vorliegt oder ob man sie erst erstellen muss. Es ist zudem abhängig davon wie umfangreich die Tabelle ist und der wichtigste Aspekt ist vielleicht, dass man die Methode "mag".

11.1 Eine Office-Tabelle in WordPress einfügen

Existiert die Tabelle schon in einem Office-Dokument (Excel oder Word), so kann der beste Weg sein, sie per Copy & Paste in einen WordPress-Artikel einzufügen.

Eine Office-Tabelle kann man z. B. einfach kopieren und dann im visuellen Editor einfügen. WordPress übernimmt dabei alle Zeilen und Spalten. Eine "saubere" HTML-Tabelle sollte man allerdings nicht erwarten.

Hinweis – Es macht übrigens keinen Unterschied, ob man die Tabelle direkt in den visuellen Editor einfügt oder den Weg über den Button "Aus Word einfügen" wählt.

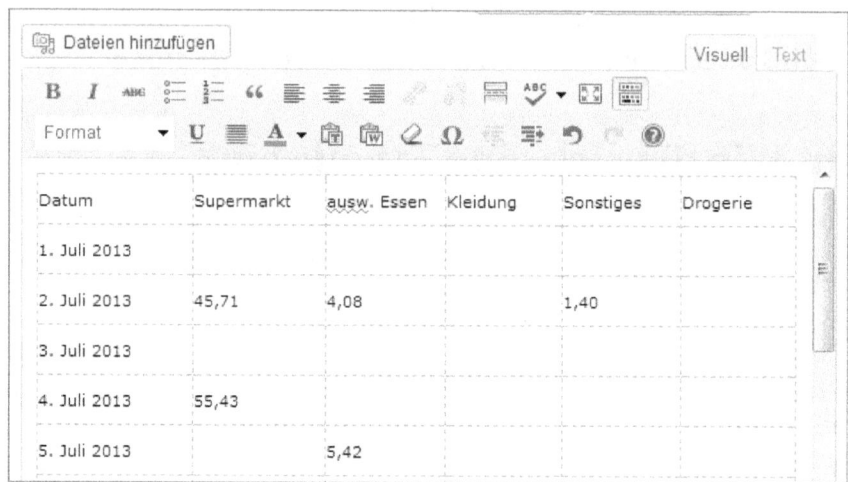

Aus Excel eingefügte Tabelle im visuellen Editor

Möchte man eine kleine bis mittelgroße Tabelle "schnell und dreckig" einfügen, ist dieser Weg empfehlenswert. Sogar verbundene Zellen werden erkannt.

	Spalte 1	Spalte 2	Spalte 3
akldjfklo	546	546	555
asdfasdf	123	23	22
sadfasdf	12	5555	8888

Aus Excel per Copy & Paste eingefügte Tabelle

11.2 Eine Office-Tabelle mit sauberem HTML in WordPress einfügen

Der Fall ist gar nicht mal so selten. Es flattert ein Word-, Excel oder PDF-Dokument mit einer seeehr langen Tabelle rein ... die soll mit in den Blog-Artikel. Eine der komfortableren Lösungen ist die Webanwendung TABLEIZER![14] Einfach den Inhalt der Tabelle kopieren, in die Textbox einfügen:

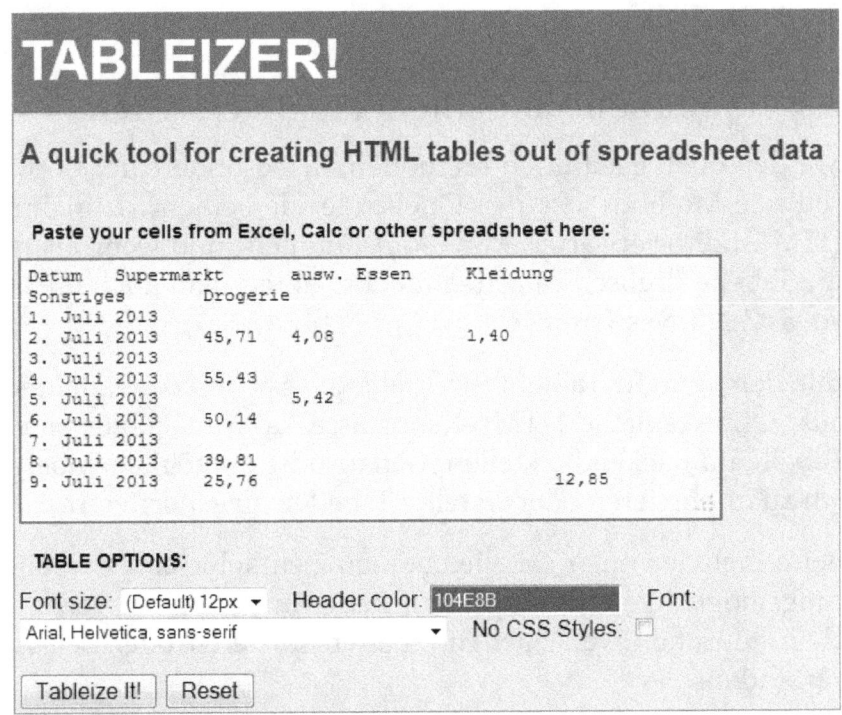

Tabelle in TABLEIZER! einfügen

Die Schriftgröße, die Hintergrundfarbe der Tabellenüberschriften und die Schriftfamilie auswählen und auf *Tableize it!* klicken:

Als Ergebnis erhält man den HTML-Code, den man dann im Text-Editor von WordPress einfügen kann.

TABLEIZER! eignet sich vor allem für einfache Tabellen, da verbundene Zellen nicht erkannt werden. Aber auch bei

---

14 tableizer.journalistopia.com

komplizierten Tabellen ist die Anwendung hilfreich, da sie einen Großteil der Arbeit abnimmt und bei dem Rest kann man in dem ausgegebenen HTML- und CSS-Code manuell nachbessern.

11.3 Eine Tabelle mit einem Plugin erstellen

Mit den oben genannten Methoden, insbesondere der Copy & Paste-Methode, ist der Quellcode, der einem dann im HTML-Editor erwartet etwas "umständlich" und wenn man die Tabelle "hübsch" machen möchte, muss man doch noch etwas Zeit investieren.

Mit dem Plugin TablePress[15] sieht die Sache etwas anders aus. Ohne jegliche HTML-Kenntnisse kann man hier eine Tabelle im Backend erstellen. Genauso ist es möglich Tabellen zu importieren oder erstellte Tabellen zu exportieren.

Beim Erstellen einer Tabelle hat man ziemlich viele Bearbeitungsmöglichkeiten. Man kann Zeilen und Spalten verstecken, tauschen, verschieben, Spalten sortieren oder Zellen verbinden.

Auch optisch und funktional kann man die Tabelle "aufhübschen": alternierende Zeilenfarben, Kopf- und Fußzeile hervorheben, Tabellenname und -beschreibung, die man beim Erstellen angegeben hat, automatisch mit ausgeben lassen.

Zudem kann man z. B. die Sortierfunktion oder auch eine Suche für den Besucher der Website also dem Betrachter der Tabelle aktivieren. Auch eine Paginierung von umfangreichen Tabellen ist möglich.

---

15   wordpress.org/plugins/tablepress/

Eine so erstellte Tabelle wird dann über einen Shortcode in einen Artikel oder auf einer Seite eingefügt. Und da wären wir auch schon beim Nachteil: die Tabellen werden nur angezeigt solange das Plugin installiert ist.

Aber das Ergebnis kann sich sehen lassen:

10 ▾ Einträge anzeigen		Suchen	
⬍ SPALTE 1	⬍ SPALTE 2	⬍ SPALTE 3	⬍
aksdlfkala	54654	5465	
askdföalks	4564		56456
sakdalfdkjö	44	8856	885
Bearbeiten			

Eine mit TablePress erstellte Tabelle

12. Wo gibt es eine Übersicht über alle bisherigen "Veränderungen" bei WordPress?

Nach einem Update bekommt man immer automatisch eine Übersichtseite angezeigt, auf der dokumentiert ist welche Änderungen die neue Version mit sich bringt.

Zu schnell geht man oft darüber hinweg und taucht schon in die neue WordPress-Version ein. Was ist wenn man sich das ganze noch einmal näher anschauen möchte? Die Adresse mit den Informationen lautet *.../wp-admin/about.php?updated*. Man erreicht die Seite auch über den Link „Über WordPress", der sich links oben hinter dem WP-Symbol befindet.

Was bringt die neue WordPress-Version?

Aber was ist wenn man sich über vergangene Versionen in-
formieren möchte oder in der WordPress-Historie stöbern
möchte? Bei WordPress.org gibt es eine Übersicht über alle
bisher erschienen Versionen von WordPress. Außerdem gibt
es hier auch eine Aussicht auf die kommenden Versionen.

13. Wie konfiguriere/deaktiviere ich den Papierkorb?

Seit der Version 2.9 werden Artikel, Seiten und Kommentare
nicht direkt gelöscht, sondern wandern in einen Papierkorb.
Mit folgendem Code in der *wp-config.php* gibt man an, nach
wie vielen Tagen der Papierkorb automatisch geleert werden
soll:

```
define('EMPTY_TRASH_DAYS', 21 );
```

Möchte man den Papierkorb komplett deaktivieren, dann
muss man folgende Angabe tätigen:

```
define('EMPTY_TRASH_DAYS', 0 );
```

Standardmäßig löscht WordPress Einträge im Papierkorb, die älter als 30 Tage sind.

14. Wie begrenze/deaktiviere ich die Versionsspeicherung?

Gerade bei ausführlichen Artikeln kann es sinnvoll sein, wenn WordPress mehrere Versionen speichert, so dass man die Möglichkeit hat zu einer früheren Version zurückzukehren. Es ist allerdings nicht immer gewünscht, dass es so viele gibt.

Mit dem folgenden Code in der *wp-config.php* legt man fest, wie viele Speicherschritte WordPress protokollieren soll:

```
define('WP_POST_REVISIONS', 5);
```

Möchte man die Versionisierung der Artikel komplett deaktivieren, weil die Datenbank schnell anwächst, dann muss man folgende Angabe in die *wp-config.php* eingeben:

```
define('WP_POST_REVISIONS', false );
```

15. Wie konfiguriere ich die Autospeicherung?

Mit folgender Ergänzung in der *wp-config.php* gibt man an, nach wie vielen Sekunden ein Artikel automatisch gespeichert wird:

```
define('AUTOSAVE_INTERVAL', 120 );
```

16. Wie ziehe ich mit meinem Blog innerhalb der gleichen Domain um?

Bei einem Website-Umzug existieren zwei (Haupt-) Möglichkeiten: man zieht mit der gleichen Domain auf einen anderen Server bzw. zu einem anderen Anbieter oder man zieht mit dem Projekt auf eine andere Domain um.

Im folgenden werden die notwendigen Maßnahmen für einen Umzug innerhalb der gleichen Domain beschrieben. Dabei wird kein Backup der Datenbank sondern die Export-Funktion von WordPress als Grundlage für die Sicherung der Inhalte gewählt.

Sicherlich, mit dem Datenbank-Backup sichert man sich auch diverse Einstellungen, die man, wenn man mit der Export-Datei arbeitet, nachher manuell nachtragen muss. Aber speziell für Anfänger ist die Export-Funktion von WordPress unkomplizierter und unter dem Strich auch schneller ... und das nicht nur dann wenn man sich innerhalb von phpMyAdmin & Co. verhaspelt.

16.1 Backup erstellen

Zunächst erstellt man als erstes sowohl von den Dateien (Themes, uploads-Ordner, *wp-config.php* etc.) als auch vom Inhalt ein Backup. Begeben Sie sich innerhalb des Admin-Bereiches von WordPress zum Menüpunkt "Werkzeuge / Daten exportieren" und exportieren Sie den kompletten

Inhalt – Beiträge, Seiten, Kommentare, Benutzerdefinierte Felder, Kategorien, Tags, Navigationsmenüs und benutzerdefinierte Inhaltstypen – indem Sie den Button "Export-Datei herunterladen" anklicken.

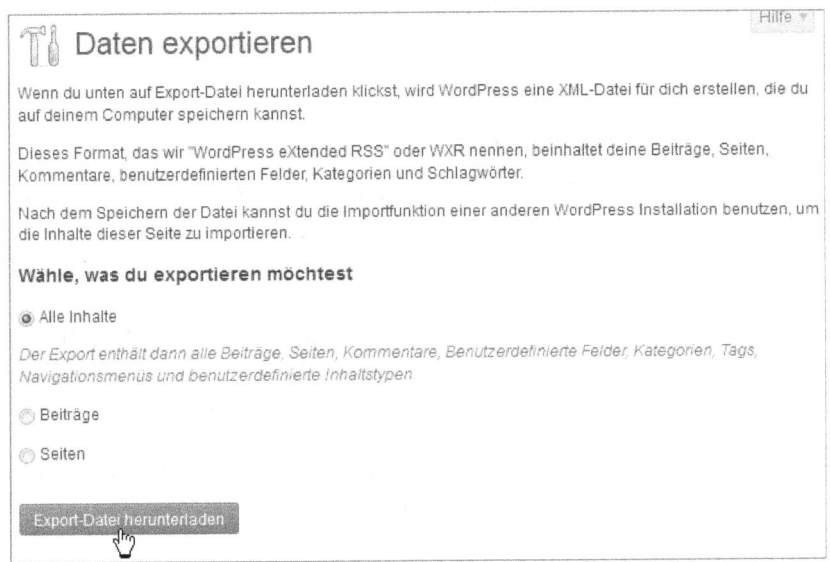

Alle WordPress-Daten exportieren

Hinweis – Generell hätte man hier auch die Möglichkeit nur Beiträge oder nur Seiten zu exportieren. Dabei könnte man dann noch nach den Autoren entscheiden, einen bestimmten Zeitraum wählen o. ä. Das ist unter anderem dann interessant, wenn eine einzelne Export-Datei zu groß für den Import auf dem neuen Server wäre, weil der Hoster das Limit für den Upload via PHP auf einen recht niedrigen Wert gesetzt hat oder weil das Weblog über sehr viele Artikel verfügt. Daher kann man die Export-Datei splitten und später einzeln importieren.

16.2 Neue Installation

Installieren Sie nun auf dem neuen Server WordPress und laden Sie die relevanten Dateien hoch: das Theme, die Plugins, den Inhalt des uploads-Ordner etc.

16.3 Inhalte importieren

Anschließend importiert man die Backup-Datei über den Menüpunkt "Werkzeuge / Daten importieren". Wählen Sie aus der dortigen Liste *WordPress* aus und folgen Sie den Anweisungen.

ACHTUNG – Bei der ersten Nutzung des WordPress-Importers muss zunächst das dafür zuständige Plugin installiert werden.

Wählen Sie die Exportdatei aus und achten Sie darauf, dass bei diesem Schritt der Ordner */wp-content/uploads/* beschreibbar ist.

Im nächsten Schritt geht es darum die Inhalte verschiedener Autoren zu übertragen. Hatte man in dem alten Weblog mehrere Autoren, so hat man nun die Möglichkeit entweder die Zahl der Autoren zu verkleinern oder alles an den Administrator zu übertragen:

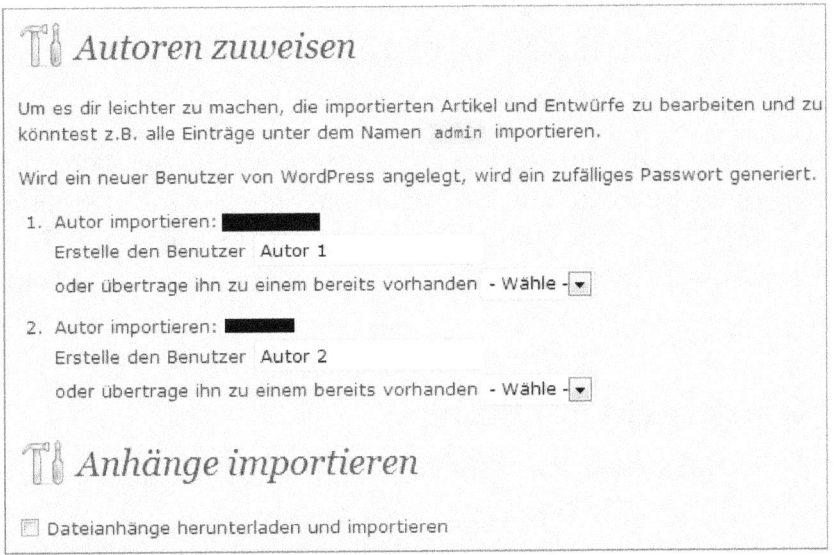

WordPress: Inhalte importieren

Zusätzlich dazu besteht die Möglichkeit Anhänge (Bilder und andere Dateien) mit hoch zu laden. Hierbei holt sich das Skript die Dokumente vom ursprünglichen Server und lädt sie auf den neuen hoch.

Da wir hier innerhalb der gleichen Domain arbeiten – die Pfade ändern sich nicht – kann man diesen Schritt deaktiviert lassen. Wenn man nun unten auf "Senden" klickt beginnt der Import-Vorgang.

16.4 Letzte Anpassungen

Nach dem Import-Vorgang gilt es noch die Einstellungen (z. B. Permalinks, Plugins etc.) anzupassen.

17. Wie ziehe ich mit meinem Blog auf eine andere Domain um?

Der Umzug auf eine andere Domain unterscheidet sich von dem oben beschriebenen *Umzug mit der gleichen Domain* lediglich in der Tatsache, dass man die die Export-Datei, **bevor** man sie im neuen Weblog importiert kurz mit einem Texteditor bearbeitet.

17.1 Wer sucht der findet

Öffnen Sie die xml-Datei im Texteditor Ihres Vertrauens und ersetzen Sie alle Einträge *www.alte-url.de* durch *www.-neue-url.de* durch die Funktion "Suche und Ersetze", die so ziemlich jeder Texteditor bietet. Hat Ihr Editor keine oder evtl. keine zuverlässige Suche-Ersetze-Funktion, dann schicken Sie ihn in die Wüste. Probieren Sie als Alternative doch PSPad[16].

Warum das notwendig ist? WordPress speichert alle internen Verweise innerhalb des Blogs – egal ob auf Artikel oder z. B. Bilder – als absolute Pfade. Die Bilder und andere Dokumente kann man innerhalb des Import-Vorgangs (siehe vorherige Abbildung) auf den neuen Server hochladen, aber die internen Verlinkungen auf die anderen Artikel bleiben leider mit der alten Domain behaftet.

Durch die Bearbeitung im Texteditor spendiert man **allen** internen Verlinkungen die neue Domain und dadurch spart man sich auch das "Anhänge importieren", was je nach Anzahl und Größe der Anhänge sehr lange dauern kann.

---

16 webwork-tools.de/?p=54

Anschließend gilt es dieselben Einstellungen zu tätigen wie wenn man mit der gleichen Domain umzieht. Das wär's.

18. Wie update ich mehrere Plugins auf einmal? (Massenbearbeitung)

Falls man mehrere Plugins updaten möchten, bietet WordPress seit der Version 2.9 an dies in einem Arbeitsschritt zu tun. Es gibt zwei Orte, an denen man dies tun kann.

Unter dem Menüpunkt "Dashboard / Aktualisierungen" kann man einfach die Plugins auswählen, die man updaten möchte. Somit startet man den Update-Vorgang für alle ausgewählten Plugins gleichzeitig und muss z. B. seine Verbindunsgdaten für den FTP-Server nur einmalig angeben.

Praktischer Massenupdate von WordPress-Plugins

Eine andere Möglichkeit ist die Massenbearbeitung beim Menüpunkt "Plugins / Installierte Plugins". Auch hier können Sie alle Plugins, für die es eine Aktualisierung gibt auswählen und dann updaten.

Plugins, für die eine aktualisierte Version verfügbar ist, werden Ihnen schon auf der Übersichtsseite angezeigt. Noch ein-

47

facher ist es jedoch, wenn Sie den Link "Aktualisierung verfügbar" anklicken, der sich oberhalb der Tabelle befindet.

Ein Plugin kann aktualisiert werden

Wählen Sie anschließend alle zu aktualisierenden Plugins aus und wählen Sie die Aktion *Aktualisieren* aus dem Dropdownfeld oberhalb der Tabelle.

Folgen Sie dann den Anweisungen von WordPress.

19. Wie "versteckt" man Artikel-Teile? (Spoiler)

Je nach dem welche Inhalte man in seinem Blog veröffentlicht, kann es Sinn machen Teile zu verstecken. Bei Film-Blogs möchte man vielleicht die entscheidenden Szenen eines Films in einer Kritik nicht preisgeben o. ä.

Im Folgenden möchten wir ihnen zwei verschiedene Plugins dafür vorstellen.

19.1 Easy Spoiler

Der Easy Spoiler[17] besticht durch seine einfache Handhabung, in Kombination mit vielen Einstellungsmöglichkeiten: installieren, aktivieren und los geht's.

Im Editor finden Sie den neuen Button "Spoiler", der die Shortcodes für den Spoiler auf Knopfdruck einfügt.

In den Einstellungen können Sie das Aussehen des Spoilers dann spezifisch anpassen, vor allen Dingen die äußerliche Gestaltung (Farben u. ä.) kann auch von Nicht-CSS-Experten vorgenommen werden. Ein stylen in der css-Datei ist natürlich auch ohne weiteres möglich.

Versteckter Spoiler mit Easy Spoiler

Aber auch "inhaltlich" kann man einiges machen. Der Standard-Shortcode...

```
[spoiler]Dieser Teil ist geheim.[/spoiler]
```

... kann mit zusätzlichen Angaben versehen werden. Hier gibt es eine individuelle Beschriftung:

```
[spoiler intro="Geheim"]Dieser Teil ist
geheim.[/spoiler]
```

17   wordpress.org/plugins/easy-spoiler/

49

Dieser Spoiler hat einen zusätzlichen Titel:

```
[spoiler title="Hier wird nix
verraten."]Dieser Teil ist geheim.[/spoiler]
```

Außerdem können Gruppen angelegt werden:

```
[spoilergroup]
[spoiler intro="Antwort zu" title="Frage
1"]in post 1[/spoiler]
[spoiler intro="Antwort zu" title="Frage
2"]in post 2[/spoiler]
[spoiler intro="Antwort zu" title="Frage
3"]e=mc^2[/spoiler]
[/spoilergroup]
```

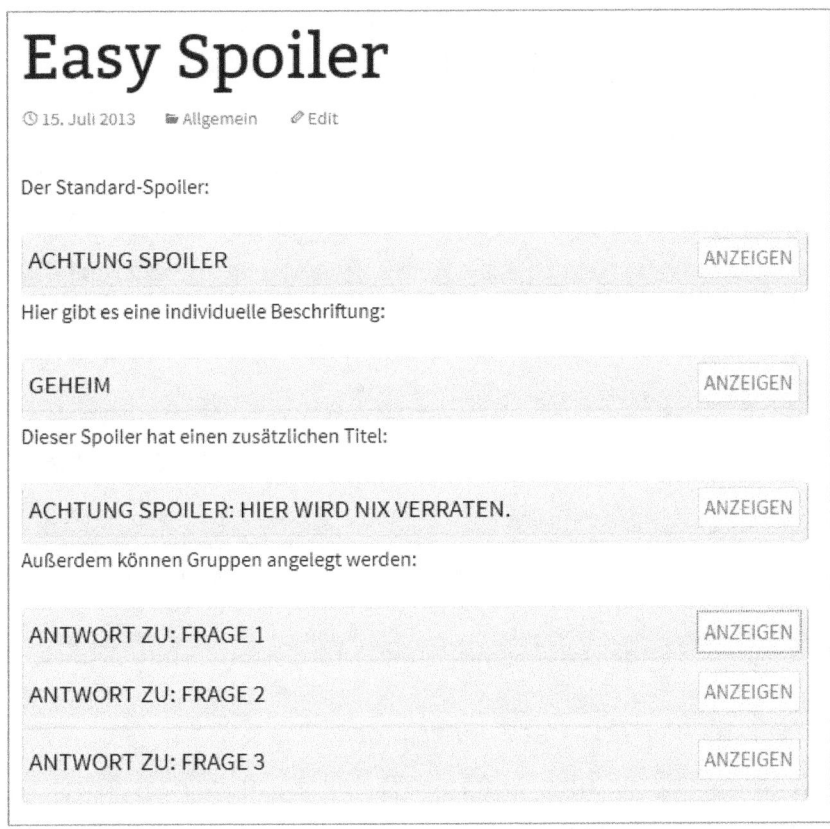

Verschiedene Möglichkeiten den Easy Spoiler anzupassen

19.2 Spoiler Block

Das Plugin Spoiler Block[18] hat nicht so viele Einstellungsmöglichkeiten, macht aber genau das was es verspricht. Die
einzige Einstellungsmöglichkeit, die der Nutzer einstellen
kann ist der Text, der beim Spoiler erscheint.

---

18   wordpress.org/plugins/spoiler-block/

Spoiler Block

🕐 15. Juli 2013 🏷 Allgemein ✎ Edit

Lorem ipsum dolor sit amet, consectetuer adipiscing elit. Aenean commodo ligula eget dolor. Aenean massa. Cum sociis natoque penatibus et magnis dis parturient montes, nascetur ridiculus mus. Donec quam felis, ultricies nec, pellentesque eu, pretium quis, sem. Nulla consequat massa quis enim. Donec pede justo, fringilla vel, aliquet nec, vulputate eget, arcu.

Achtung Spoiler!

Phasellus viverra nulla ut metus varius laoreet. Quisque rutrum. Aenean imperdiet. Etiam ultricies nisi vel augue. Curabitur ullamcorper ultricies nisi. Nam eget dui. Etiam rhoncus. Maecenas tempus, tellus eget condimentum rhoncus, sem quam semper libero, sit amet adipiscing sem neque sed ipsum. Nam quam nunc, blandit vel, luctus pulvinar, hendrerit id, lorem. Maecenas nec odio et ante tincidunt tempus. Donec vitae sapien ut libero venenatis faucibus. Nullam quis ante. Etiam sit amet orci eget eros faucibus tincidunt. Duis leo. Sed fringilla mauris sit amet nibh. Donec sodales sagittis magna. Sed consequat, leo eget bibendum sodales, augue velit cursus nunc,

Ein versteckter Text mit Spoiler Block

Klickt der Leser nun auf den farbig hinterlegten Text, so wird der Text sichtbar.

Spoiler Block

🕐 15. Juli 2013   🏷 Allgemein   ✏ Edit

Lorem ipsum dolor sit amet, consectetuer adipiscing elit. Aenean commodo ligula eget dolor. Aenean massa. Cum sociis natoque penatibus et magnis dis parturient montes, nascetur ridiculus mus. Donec quam felis, ultricies nec, pellentesque eu, pretium quis, sem. Nulla consequat massa quis enim. Donec pede justo, fringilla vel, aliquet nec, vulputate eget, arcu.

In enim justo, rhoncus ut, imperdiet a, venenatis vitae, justo. Nullam dictum felis eu pede mollis pretium. Integer tincidunt. Cras dapibus. Vivamus elementum semper nisi. Aenean vulputate eleifend tellus. Aenean leo ligula, porttitor eu, consequat vitae, eleifend ac, enim. Aliquam lorem ante, dapibus in, viverra quis, feugiat a, tellus.

Phasellus viverra nulla ut metus varius laoreet. Quisque rutrum. Aenean imperdiet. Etiam ultricies nisi vel augue. Curabitur ullamcorper ultricies nisi. Nam eget dui. Etiam rhoncus. Maecenas tempus, tellus eget condimentum rhoncus, sem quam semper libero, sit amet adipiscing sem neque sed ipsum. Nam quam nunc, blandit vel, luctus pulvinar, hendrerit id, lorem. Maecenas nec odio et ante tincidunt tempus. Donec vitae sapien ut libero venenatis faucibus. Nullam quis ante. Etiam sit amet orci eget eros faucibus tincidunt. Duis leo. Sed fringilla mauris sit amet nibh. Donec sodales sagittis magna. Sed consequat, leo eget bibendum sodales, augue velit cursus nunc,

Der versteckte Text wird angezeigt

Umschlossen wird der Spoiler mit den Klassen *spoiler* und *hidden-content*, so dass einer Gestaltung per CSS nichts im Wege steht.

```
<span class="spoiler"><span class="hidden-
content">Dieser Text ist
geheim.</span></span>
```

53

20. Wie sind die Feeds zu den einzelnen Kategorien/Tags und wie komme ich an die heran?

WordPress bietet standardmäßig für jede einzelne Kategorie und für jedes Schlagwort (aka Tag) einen eigenen Newsfeed an. Firefox und Opera erkennen automatisch die angebotenen Kategorie- und Tag-Feeds und man kann Sie durch den Klick auf das RSS-Icon des Browsers abonnieren:

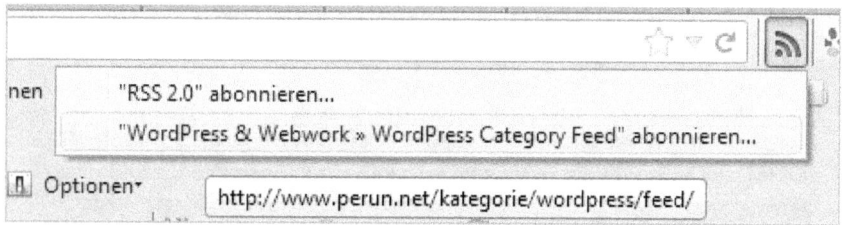

Firefox und Opera erkennen automatisch den Feed

Somit kann man sich bei Weblogs, wo über mehrere Themen geschrieben wird, den passende Newsfeed abonnieren. Wer sich bei perun.net zum Beispiel nur für WordPress interessiert, der abonniert einfach *www.perun.net/kategorie/wordpress/feed/*. Interessiert sich jemand nur für die CSS3-Artikel, dann abonniert er *www.perun.net/tag/css3/feed/*.

Also einfach *feed/* an den Permalink der Kategorie oder des Tags dranhängen, falls der Browser die angebotenen Feeds nicht erkennen sollte. Sollte die Website keine sprechenden Permalinks einsetzen, dann einfach an die URL der Kategorie bzw. des Tags *&feed=rss2* dranhängen.

Hinweis – Wer Feedburner in Verbindung mit dem alten

Plugin FeedSmith nutzt, der sollte sich den Artikel Word-Press: FeedBurner-Plugin und Tag-Feeds[19] durchlesen.

21. Wie kann ich den Text- und den visuellen Editor erweitern?

Einige Plugins, die man nutzt, erweitern die Möglichkeiten des Text- und des visuellen Editors bzw. fügen neue Buttons mit neuen Funktionen hinzu. Aber wie kann man dies auch selber machen?

DAS Plugin dafür ist AddQuicktag[20].

Damit kann man nicht nur Auszeichnungen oder Formatierungen, sondern auch komplette Textbausteine verwalten.

Nach der Installation hat man im Adminbereich unter Einstellungen einen zusätzlichen Unterpunkt mit dem Namen *AddQuicktag*.

Ergänze oder lösche Quicktag Buttons						
Button Name*	Title Attribut	Start Tag(s)*	Ende Tag(s)	Zugriffstaste	Reihenfolge
H3		<h3>	</h3>		0
englisch	Englischer Text	xml:lang="en" lang="en"			1
Signatur		Gruß Eure Thordis			2

Neue Quicktags für WordPress erstellen

Zuerst trägt man die Bezeichnung des Quicktags bzw. des Buttons ein (Button Name), im zweiten Feld (Title Attribut)kommt der "MouseOver-Text", dies ist ein optionaler Eintrag und den sollte man eintragen, wenn die Button-Bezeichnung nicht aussagekräftig genug ist.

---

19 perun.net/?p=1815
20 wordpress.org/extend/plugins/addquicktag/

Weiter daneben trägt man den den Start- und End-Tag des Quicktags ein. Bei einem HTML-Element, das über Start- und End-Tag verfügt, trägt man beide entsprechend ein. Erstellt man Quicktags, die aus einem HTML-Element bestehen bzw. nur über ein Tag verfügen (z. B. <hr />) oder erstellt man einen Textbaustein, dann trägt man diese Angaben in den Start-Tag ein.

In den letzten drei Feldern trägt man optional Tastaturkürzel ein (Zugriffstaste). Man kann durch die Eingabe von Nummern die Quicktags sortieren und wenn man den letzten Punkt aktiviert, dann taucht der so neu erstelle Quicktag nicht nur im HTML- sondern auch im visuellen Editor auf. Außerdem kann man auch angeben, ob der Quicktag nur bei der Erstellung von Seiten oder Beiträgen bzw. Kommentaren oder der Kommentarmoderation verfügbar sein soll.

Hier zur Verdeutlichung die neuen Quicktags im HTML-Editor:

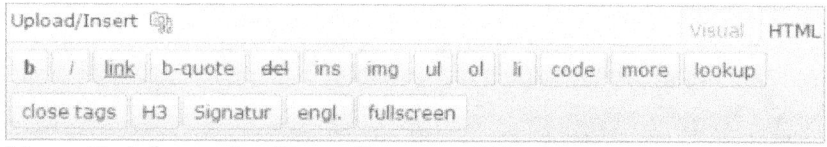

Neue Quicktags im Texteditor von WordPress

Neue Quicktags im Visuellen Editor von WordPress

22. Welche Medien kann ich wie einbetten?

In den letzten Jahren hat man immer wieder die Einbettungsfunktion von WordPress (oEmbed) erweitert. Mittlerweile werden folgende Dienste unterstützt:

- blip.tv
- DailyMotion
- Flickr
- FunnyOrDie.com
- Hulu
- Instagram
- Qik
- Photobucket
- PollDaddy
- Rdio
- Revision3
- Scribd
- SlideShare
- SoundCloud
- SmugMug
- Spotify
- Twitter
- Viddler
- Vimeo
- YouTube
- WordPress.tv

Was heißt das konkret? Es reicht wenn Sie lediglich die Adresse eines YouTube-Videos in den Editor eingeben, zum Beispiel *youtu.be/kCVxYzv6zkE*.

Daraus generiert WordPress dann automatisch im Frontend für die Besucher den Player mit dem entsprechenden Video. Das gleiche gilt auch für die anderen aufgelisteten Dienste.

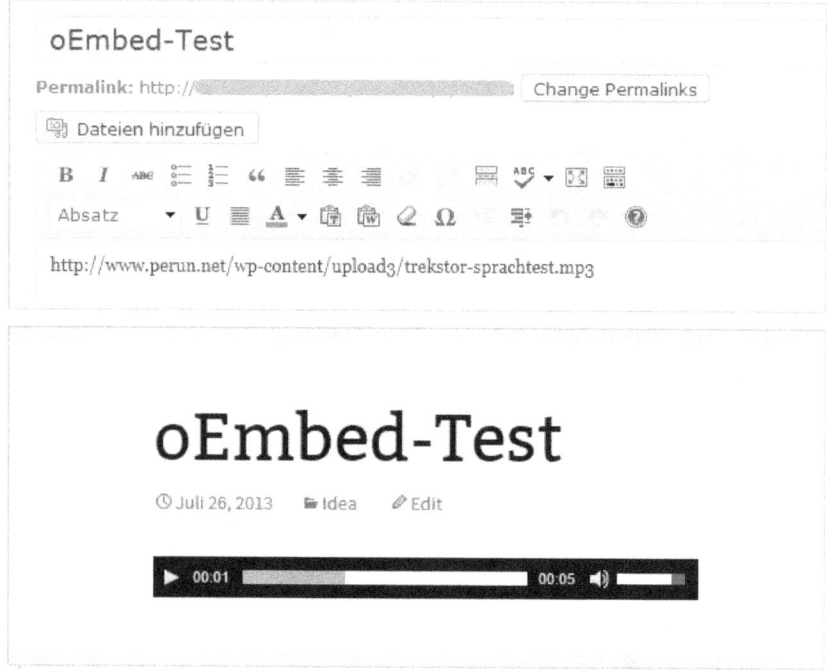

oEmbed: im Editor (oben) und das Ergebnis im Frontend

Ab WordPress 3.6 ist es möglich Audio- und Video-Dateien[21] einzubetten, die entweder auf einem anderen oder auf dem eigenen Server liegen. Wie man in der oberen Abbildung sieht, reicht es auch hier wenn man lediglich den Absoluten Pfad eingibt. Daraus kreiert WordPress dann ebenfalls einen passenden Player für die Besucher.

---

21   perun.net/?p=7312

B. Themes, Funktionen und Code

In diesem Abschnitt finden Sie WordPress-Tipps, die sich mit der Anpassung von Themes und der Erweiterung von Funktionen beschäftigen.

1. Wie erstelle ich manuell eine *.htaccess-*Datei?

Für die Erstellung einer sprechenden Permalink-Struktur ist eine beschreibbare *.htaccess-*Datei notwendig. Diese muss sich im Hauptordner der WP-Installation befinden.

Ist diese vorhanden und auch beschreibbar fügt WordPress die für die sprechenden Permalinks notwendigen Angaben in diese Datei ein und man erhält darüber auch eine Erfolgsmeldung:

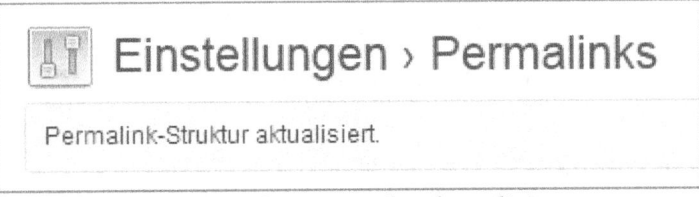

Die Permalink-Struktur wurde aktualisiert

Nun gibt es aber auch den Fall, dass diese Datei nicht beschreibbar ist. Die Ursachen dafür sind vielfältig. Trotzdem muss man nicht auf sprechende Permalinks verzichten.

Genau wie im Falle der Erfolgsmeldung, bekommt man nämlich auch dann einen Hinweis:

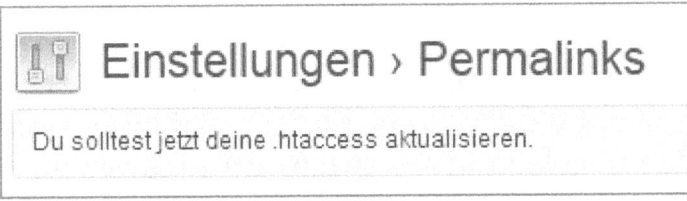

Die .htaccess-Datei muss manuell aktualisiert werden

Aber was muss jetzt in diese Datei eingetragen werden?

Am Fußende der Seite erfahren Sie es:

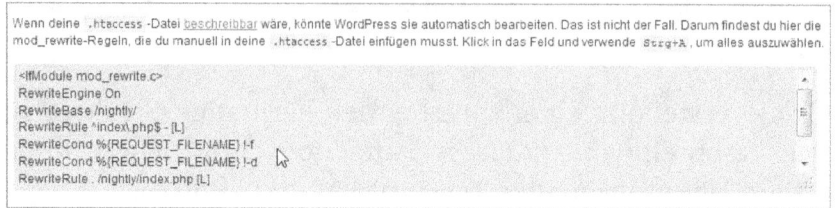

Der notwendige Inhalt für die .htaccess-Datei

Man kopiert sich also alle Angaben und fügt Sie in die *.htaccess*-Datei ein.

Nun gibt es zwei Möglichkeiten:

1. es gibt noch gar keine *.htaccess*-Datei
2. es gibt schon eine *.htaccess*-Datei

1.1 Eine *.htaccess*-Datei erstellen

Haben Sie noch keine *.htaccess*-Datei, so müssen Sie zunächst eine erstellen.

Erstellen Sie dafür eine Text-Datei mit einem reinen Texteditor, **kein** Textverarbeitungsprogramm.

Fügen Sie hier den Inhalt ein, den Ihnen WordPress angezeigt hat.

Hinweis – Wenn Sie die Datei auf einem Windows-System erstellen, müssen Sie die Datei zuerst z. B. *a.htacess* benennen und dann auf den Server hochladen und dort in *.htaccess* umbenennen, da Windows sich weigert, Dateien ohne einen Dateinamen zu erstellen.

1.2 Eine *.htaccess*-Datei mit Inhalt füllen

Laden Sie sich zunächst ihre .htaccess-Datei herunter und öffnen Sie sie mit einem reinen Texteditor. Auch hier gilt, arbeiten Sie nicht mit einem Textverarbeitungsprogramm!

Fügen Sie hier den Inhalt ein, den Ihnen WordPress angezeigt hat.

Laden Sie die .htaccess-Datei wieder auf Ihren Server hoch und überschreiben Sie dabei die ursprüngliche Version.

2. Wie erstelle ich mehrere Navigationsmenüs?

Eine aus Nutzer-Sicht sehr interessante Neuerung in WordPress 3.0 war die Möglichkeit aus dem Backend heraus individuelle Navigationsmenüs zu erstellen und auf der Website bzw. im Frontend ausgeben zu lassen. Damit das überhaupt erst funktioniert, muss diese neue Funktion in der *functions.php* aktiviert werden[22] und damit die Ausgabe im Frontend klappt muss man in der entsprechenden Template-Datei `<?php wp_nav_menu();  ?>` einfügen oder das Theme muss widget-fähig sein.

Nutzen Sie das aktuelle Standard-Theme oder ein anderes Theme, welches diese neue Funktion unterstützt, dann müssen Sie sich weder um die Aktivierung noch um die Ausgabe der neuen Funktion sorgen.

Sind Sie neugierig geworden? Dann sollten Sie sich Richtung "Design / Menüs" begeben.

---

22 perun.net/?p=4599

Beim ersten Besuch werden Sie feststellen, dass dieser Bereich noch jungfräulich ist und über kein Menü verfügt. Daher müssen Sie eines erstellen und zwar indem Sie ihm zuerst einen Namen vergeben.

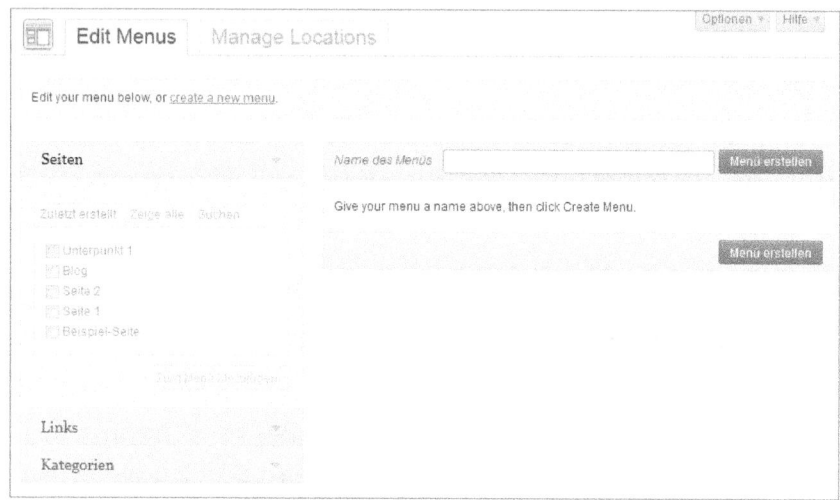

Ein neues Navigationsmenü erstellen

Nach der Eingabe eines Namens bestätigen Sie dies mit einem Klick auf den Button "Menü erstellen".

Im nächsten Schritt müssen Sie die Inhalte für Ihr Navigationsmenü auswählen. Dazu können Sie Seiten, Links und Kategorien auswählen. Dazu wählen Sie die benötigten Punkte aus und klicken dann den Button "Zum Menü hinzufügen" an.

Per Drag & Drop können Sie die Seiten dann in eine beliebige Reihenfolge bringen und auch verschachteln. Sie können zudem auswählen, ob neu erstellte Seiten automatisch dem Menü hinzugefügt werden sollen und ob dieses Menü das Standardmenü ersetzen soll.

Sie können für alle eingefügten Elemente zusätzliche Eigenschaften festlegen, wie z. B. das HTML-Attribut `title` oder aber auch eine CSS-Klasse oder Beschreibung vergeben. Nähere Erläuterungen dazu finden Sie in dem Artikel Bekannte und unbekannte Optionen in WordPress[23].

Ein neu erstelltes Navigationsmenü

---

23 wpbuch.de/?p=860

Vergessen Sie nicht im Anschluss Ihre Einstellungen zu speichern.

Hinweis – Eine Schritt-für-Schritt-Anleitung für das Anlegen von Navigationsmenüs mit Elternpunkten, die keine Seiten sind finden Sie in dem Artikel WordPress: Nicht anklickbare Elternseite im Navigationsmenü erstellen[24].

Wenn Sie auf diese Weise mehrere Navigationsmenüs erstellt haben, können Sie diese nun "frei" platzieren.

Häufig bieten WordPress-Themes nur einen Platz für ein Navigationsmenü an. Dieses Standard-Menü können Sie dann mit einem Ihrer eigenen ersetzen. Dafür genügt es an entsprechender Stelle ein Häkchen zu machen.

Menü Einstellungen

Seiten automatisch hinzufügen

☐ Neue Seiten der ersten Ebene automatisch zum Menü hinzufügen

Seiten automatisch hinzufügen

☐ Top-Menü Aktueller Wert: Info-Seiten

Standard-Navigationsmenü ersetzen

Die anderen Navigationsmenüs können Sie dann per Widget in einer Sidebar oder dem Footer (Fußbereich) – je nach dem was Ihr Theme ermöglicht – ausgeben lassen. Platzieren Sie dafür einfach das Widget "Individuelles Menü" und wählen Sie dann das gewünschte Navigationsmenü aus.

---

24 wpbuch.de/?p=802

Main Widget Area

Appears in the footer section of the site.

Individuelles Menü

Titel:

Wähle ein Menü: Meta-Navigation

Löschen | Schließen   Speichern

Ein WordPress-Widget mit Individuellem Navigationsmenü

Es gibt aber auch durchaus Themes, die die Möglichkeit bieten mehrere Navigationsmenüs einzusetzen. Wechseln Sie dazu auf den Reiter "Standorte verwalten" und wählen Sie dort für die jeweiligen Orte das gewünschte Navigationsmenü aus.

Menüs bearbeiten   **Standorte verwalten**

Dein Thema unterstützt 4 Menüs. Wähle unten aus, welche Menüs du benutzen möch

Anordnung im Theme	Zugewiesenes Menü
Top-Menü	Info-Seiten
	Bearbeiten	Neues Menü benutzen
Kopfzeilenmenü	Info-Seiten
	Bearbeiten	Neues Menü benutzen

Die Navigationsmenüs den Standorten zuweisen

3. Wie schließe ich einzelne Kategorien/Artikel aus dem Feed aus?

3.1 Komplette Kategorien aus dem Feed herausnehmen

Möchte man ganze Kategorien oder besser gesagt alle Artikel bestimmter Kategorie(n) aus dem Feed entfernen, dann stehen Ihnen zwei Möglichkeiten zur Verfügung. Hier die Code-Lösung[25]:

```
function exclude_category($query) {
        if ( $query->is_feed ) {
                $query->set('cat', '-2,-3,-4');
        }
return $query;
}
add_filter('pre_get_posts','exclude_category');
```

Diesen Code fügt man in die *functions.php* ein. Überischtshalber am besten am Ende der Datei, jedoch vor dem abschließenden ?> ... ich erwähne dies jetzt extra, weil mich des öfteren E-Mails erreichen, weil Leute nicht wussten wo man Funktionen am besten in die *functions.php* einfügt.

Die Nummern -2,-3,-4 stehen für die Kategorie-IDs. Die ID eine Kategorie findet man u.a heraus in dem man in der Kategorie-Verwaltung, den Mauscursor über den entsprechenden Kategorie-Link hält. Die ID, die dann ein Teil der

---

25 http://zeo.unic.net.my/exclude-category-in-wordpress/

Adresse ist, wird in der Statusleiste des Browsers angezeigt.

Wer lieber Plugins bevorzugt, der könnte mit Ultimate Category Excluder[26] glücklich werden. Dieses Plugin blendet Kategorien nicht nur im Feed aus, sondern auch von der Startseite und aus den Archiven (z. B. Jahresarchiv).

3.2 Einzelne Artikel, Kategorien-unabhängig, vom Feed fernhalten

Und wen überrascht es, auch hier gibt es zwei Vorgehensweisen: mit und ohne Plugin. Die Code-Lösung fand ich auf WP-Engineer[27]:

```
function fb_exclude_filter($query) {
    if ( !$query -> is_admin && $query ->
is_feed) {
        $query -> set('post__not_in', array(40,
9) ); // id of page or post
    }
    return $query;
}
    add_filter( 'pre_get_posts',
'fb_exclude_filter' );
```

Dieser Code kommt ebenfalls in die *functions.php* rein. Der Nachteil bei dieser Lösung ist, dass man händisch die IDs der einzelnen Artikel nachtragen muss. Bei ein paar Artikeln kein Problem. Veröffentlicht man dagegen des öfteren Artikel, die nicht im Feed veröffentlicht werden sollen, dann sollte man evtl. besser auf das Plugin Stealth Publish[28] zu-

---

26 wordpress.org/plugins/ultimate-category-excluder/
27 wpengineer.com/2175/exclude-post-from-wordpress-feed/
28 wordpress.org/plugins/stealth-publish/

rückgreifen.

Dieses WordPress-Plugin nistet sich im Publizieren-Modul im Backend ein. Möchte man einen Artikel nicht veröffentlichen, dann aktiviert man die Checkbox *Stealth publish* und der Artikel erscheint nicht im Feed und auch nicht auf der Startseite.

4. Wie können Besucher meine Artikel empfehlen?

Die Vernetzung mit sozialen Netzwerken ist heute in Blogs, aber auch auf statischen Websites gang und gäbe.

Zur Einbindung von Social-Media-Buttons kann man natürlich auf Plugins zurückgreifen, aber es gibt auch eine "einfache" Methode zum selber machen.

Social Media-Leiste in WordPress

Um eine Social Media-Leiste (Facebook, Twitter, Google+, Kindle, t3n) in WordPress einzubinden, muss man Änderungen an drei Template-Dateien des Themes vornehmen: an der *single.php*, an der *footer.php* und in der *style.css*.

Folgenden Code bindet man in der *single.php* ein:

```
<div class="weiterempfehlen">
```

```
    <p>Diesen Artikel weiterempfehlen oder
später lesen:</p>
    <div class="twitter"><iframe
src="http://platform.twitter.com/widgets/twee
t_button.html?url=<?php echo
rawurlencode(get_permalink()) ?>&text=<?php
echo
rawurlencode(strip_tags(get_the_title())) ?>"
style="width:105px; height:20px;"
allowtransparency="true" frameborder="0"
scrolling="no"></iframe></div>
    <div class="fb-likeit" title="Auf
Facebook empfehlen"><iframe
src="http://www.facebook.com/plugins/like.php
?href=<?php echo
rawurlencode(get_permalink()); ?
>&layout=button_count&show_faces=false&width=
122&action=recommend&font=verdana&colorscheme
=light&height=20" scrolling="no"
frameborder="0" style="border:none;
overflow:hidden; width:122px;
height:20px;"></iframe></div>
    <div class="g-plusone" data-
size="medium"></div>
    <div class="t3nAggregator"></div>
    <div class="clearer"></div>

    <div class="kindleWidget"><img
style="vertical-align:middle;"
src="https://d1xnn692s7u6t6.cloudfront.net/wh
ite-15.png" /><span style="vertical-
align:middle;margin-left:3px;">auf Kindle
(später) lesen</span></div>
</div>
```

Da ich die Buttons unterhalb der einzelnen Artikel einbinden möchte ist die *single.php* die richtige Template-Datei, da sie zuständig für die Ausgabe bzw. für die Ansicht der Einzelartikel ist.

Verfügt Ihr Theme, aus welchen Gründen auch immer, nicht über eine *single.php*, dann kann man den oberen Code auch in die *index.php* packen. Man muss aber den Code-Block von einem Conditional-Tag abfragen lassen:

```
<?php if (is_single()) { ?>
    ... Angaben aus dem oberen Code-Block ...
<?php } ?>
```

Die Javascripte, die für die Funktionalität von dem t3n-, dem +1- und dem Kindle-Button zuständig sind, binde ich aus Performance-Gründen in die *footer.php* ein:

```
<?php if (is_singular()) { ?>
<!-- +1 →
<script type="text/javascript">
  window.___gcfg = {lang: 'de'};

  (function() {
    var po =
document.createElement('script'); po.type =
'text/javascript'; po.async = true;
    po.src =
'https://apis.google.com/js/plusone.js';
    var s =
document.getElementsByTagName('script')[0];
s.parentNode.insertBefore(po, s);
  })();
</script>

<!-- t3n →
<script type="text/javascript">
```

```
(function() {
  var po =
document.createElement("script"); po.type =
"text/javascript"; po.async = true;
  po.src =
"http://t3n.de/aggregator/ebutton_async";
  var s =
document.getElementsByTagName("script")[0];
  s.parentNode.insertBefore(po, s);
  })();
</script>

<!-- Kindle →
<script type="text/javascript"
src="https://d1xnn692s7u6t6.cloudfront.net/wi
dget.js"></script>
<script type="text/javascript">(function k()
{window.$SendToKindle&&window.
$SendToKindle.Widget?
$SendToKindle.Widget.init({"content":".der-
beitrag","exclude":".weiterempfehlen,
.premium-
themes","title":".storytitle","author":".arti
kel-autor"}):setTimeout(k,500);})();</script>
<?php } ?>
```

Statt dem Conditional-Tag *is_single()* kommt in diesem Beispiel *is_singular()* zum Einsatz, damit ich diesen Abschnitt der Fußzeile bei Bedarf auch auf den Pages (Seiten) zur Verfügung stellen kann.

Anschließend geht es darum die passenden Angaben in der *style.css* zu machen:

```
.weiterempfehlen {margin-bottom: 19px;}
```

```
.weiterempfehlen p {font-weight: bold;
margin-bottom: 4px !important;}
.twitter, .fb-likeit, .g-plusone,
.t3nAggregator {float: left; margin-right:
20px;}
.kindleWidget {margin-top: 7px;
display:inline-block; padding:3px;
cursor:pointer; font-size:11px; border-
radius:3px; border:#ccc thin solid;
background:transparent
url('https://d1xnn692s7u6t6.cloudfront.net/bu
tton-gradient.png') repeat-x; background-
size:contain;}
```

5. Wie füge ich bei Beiträgen automatisch ein Aktualisierungsdatum hinzu?

Immer wieder kommt bei den Blogger-Kollegen, die Diskussion auf, ob man seine Blog-Artikel mit dem Datum versehen sollte oder nicht. Auf perun.net hatten wir schon eine Diskussion im Rahmen des Artikels "die richtige Permalinkstruktur in WordPress"[29]. Auf Google+[30] gab es neulich ebenfalls eine Diskussion zu diesem Thema.

Meine Empfehlung lautet: Keine Angst vor dem Datum![31]

Aber wie fügt man dieses Datum nun ein bzw. welche Ergänzungen im Code muss man vornehmen, damit dieses ausgegeben wird? Zunächst muss man die *functions.php* seines Themes ergänzen:

---

29 perun.net/?p=1788
30 plus.google.com/110118420522240380624/posts/gdZHeeohWta
31 perun.net/?p=7280

```
function aktualisiert()
{
    $artikel_erstellt = get_the_date('U');
    $artikel_aktualisiert =
get_post_modified_time('U');

    // Nur Aktualisierungen die älter als 12h
sind werden berücksichtigt
    if (($artikel_aktualisiert -
$artikel_erstellt ) > 43200)
    {
        echo ' - Aktualisiert am ' .
get_the_modified_date('d.m.Y') . ' um ' .
get_post_modified_time('H:i');
    }
}
```

Und im Theme selber bzw. in der passenden Template-Datei wird dann folgendes eingebunden:

```
<?php echo aktualisiert(); ?>
```

Der Code prüft, ob es Aktualisierungen gibt und wenn ja, dann wird geschaut, ob diese älter als 12 Stunden sind. Falls dies der Fall sein sollte, dann wird das Aktualisierungsdatum und die -Zeit ausgegeben. Änderungen anzuzeigen, die jünger sind, ist in meinen Augen nicht sinnvoll, da es sich in der Regel nicht um eine inhaltliche Änderungen handelt sondern um Textkorrektur.

6. WP als privates Fotoalbum

Dass man **WordPress als Fotoblog** nutzen kann, ist an sich nicht neues. Dennoch kann ich mir vorstellen, dass sehr viele Leute nicht direkt auf die Idee kommen auch ein Familienalbum oder ein privates Fotoalbum mit WordPress zu pflegen. So ähnlich war es bei uns auch. Als nach der Geburt des ersten Sohnes, die Fragen der Verwandtschaft und Bekanntschaft nach den Fotos nicht mehr mit dem üblichen E-Mail-Weg zu koordinieren war, haben wir uns Gedanken gemacht und haben damals ein Fotoblog als "zu viel des Guten" nicht in Angriff genommen und uns für Picasa Webalben[32] entschieden.

Der Upload der Fotos bei Picasa ist einfach, man kann die Bilder mit zusätzlichen Informationen versehen und vor allem kann man private Web-Alben einrichten, zu denen entweder nur der Kontoinhaber Zugang hat oder alternativ der Personenkreis, der den ellenlangen Link kennt.

Aber mittlerweile, durch die sehr **enge Verzahnung** mit Google+, habe ich ein ungutes Gefühl was die Fotos angeht. Neulich war auf einmal das Album öffentlich zugänglich, es ist zwar an sich nichts schlimmes, da lediglich im Park oder Sandkasten spielende Kinder zu sehen sind, aber dennoch unerfreulich.

Ich kann jetzt nicht nachvollziehen woran es lag, ob ich aus Versehen eine Einstellung geändert habe oder irgendein Automatismus zugeschlagen hat. Fakt ist aber, das hat mir nicht gefallen und das musste geändert werden.

---

32 picasaweb.google.com

Daher habe ich eine Subdomain eingerichtet und dort Word-Press installiert und es anschließend mit einem **serverseitigen Passwortschutz** versehen. Dabei habe ich den Klassiker gewählt und den Passwortschutz durch die Angaben in *.htaccess* und *.htpasswd* umgesetzt. Wenn Ihr Hoster keinen Generator dafür anbietet, dann kann man das ganze unter anderem hier[33] durchführen. Alternativ kann man auf eines der Plugins zurückgreifen, welches eine ähnliche Funktionalität anbieten: Password Protect WordPress[34] oder Authenticator[35].

Standardmäßig bietet WordPress bereits **viele Funktionen** um ein Fotoblog zu führen: man kann die Bilder mit Unterschriften versehen, für jedes Bild eine eigene Unterseite erstellen lassen, man kann Galerien ausgeben und auf die üblichen Blog-Funktionen wie Kategorien, Schlagwörter, chronologische Auflistung und eine Suchfunktion zurückgreifen. Somit findet man nicht nur die Fotos sehr schnell, sondern man ist in der Lage ein richtiges **Familien-Tagebuch** zu führen.

Wem das nicht reicht, der erweitert das ganze. Mit Efficient Related Posts[36] werden **thematisch verwandte Artikel** aufgelistet. Wer die Fotos etwas **schicker präsentieren** möchte, der greift auf eines der vielen Lightbox-Plugins[37] zurück und mit NextGEN Gallery[38] steht dir ein Plugin zur Verfügung, das auch **anspruchsvolle Wünsche** erfüllt.

---

33 lerneniminternet.de/htm/tip_htaccess.html
34 wordpress.org/extend/plugins/password-protect-wordpress/
35 wordpress.org/extend/plugins/authenticator/
36 perun.net/?p=3131
37 wordpress.org/extend/plugins/search.php?q=lightbox
38 wordpress.org/extend/plugins/nextgen-gallery/

Dein WordPress-Theme gefällt dir nicht? Kein Problem auf WordPress.org werden einige Themes[39] aufgelistet, die auf Fotoblogging abzielen. Wenn du dort nicht fündig wirst, dann kannst du für ein vergleichsweise **geringes Entgeld** bei den kostenpflichtigen Anbietern[40] nach einem passenden Foto-Theme suchen.

Wenn du möchtest, dass auch die Vorschaubilder von WordPress nicht komprimiert werden, dann trägst du folgendes in die *functions.php* ein:

```
add_filter('jpeg_quality', function($arg)
{return 100;});
```

7. Ich möchte auf der Startseite und in den Archiven nach dem ersten und/oder nach dem zweiten Artikel Werbung einblenden

Wie kann man in WordPress auf der Startseite und in den einzelnen Archiven nach dem ersten, dem zweiten und dem dritten Artikel Werbung oder Hinweise einblenden lassen?

Hier die Antwort auf die Frage anhand des Beispiels perun.net, wo ich auf der Start- und den Übersichtsseiten nach dem ersten, dem zweiten und dem dritten Artikel die einzelnen Werbeblöcke einblende.

---

39 wordpress.org/extend/themes/tags/photoblogging
40 perun.net/premium-wordpress-themes/

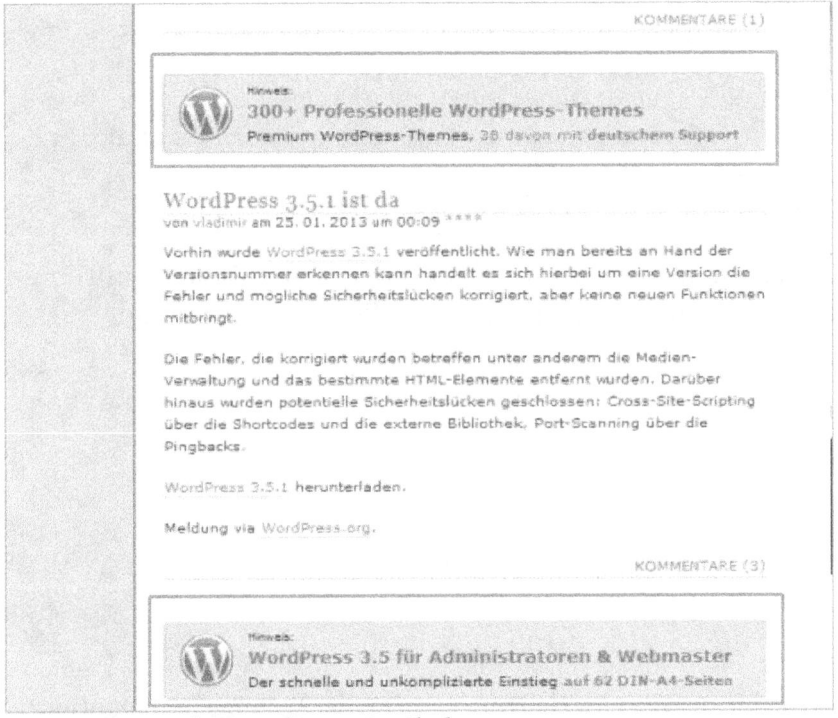

Anzeigen nach WordPres-Artikeln

Zuerst schaut man in seinem WordPress-Theme wo überall der Loop für die einzelnen Übersichtsseiten definiert wird. In ganz einfachen Themes ist dies nur in der *index.php* und in etwas komplexeren Themes wäre dies noch in der *category.php* und der *tag.php* usw. der Fall.

Der Aufbau des Loops kann von Theme zu Theme erheblich abweichen, aber hier ein recht verbreitetes Beispiel:

```
<?php if ( have_posts() ) : while
( have_posts() ) : the_post(); /* Loop
startet */ ?>
[...]
```

```
<?php comments_template(); /* Kommentare */ ?
>
<?php endwhile; else: ?>
    <p>Tut mir leid, es wurde kein passender
Beitrag gefunden.</p>
<?php endif; /* Loop-Ende */ ?>
```

Nun geht es darum vor dem Loop einen Zähler zu initiieren und im zweiten Schritt mit dem Zählen zu beginnen:

```
<?php $anzeige = 0; /* Zähler auf Null setzen
*/ ?>
<?php if ( have_posts() ) : while
( have_posts() ) : the_post(); /* Loop
startet */ ?>
<?php $anzeige++; /* Zähler fängt an zu
zählen */ ?>
[...]
```

... und nun wird im dritten Schritt die Anzeige ausgegeben:

```
<?php if ($anzeige < 4) {echo "Banner-
Code"} ?>
<?php comments_template(); ?>
<?php endwhile; else: ?>
```

Will man anstatt drei nur zwei Anzeigenblöcke einbinden dann steht hier anstatt $anzeige < 4 dann $anzeige < 3 und bei einem Anzeigenblock $anzeige < 2.

Möchte man etwas Abwechslung in die Anzeigen hinbekommen, dann kann man auf mehreren Wegen eingreifen. Zum einen könnte man mit if-Statements – zum Beispiel: if ($ad == 1) – den Zähler abfragen und entsprechenden Banner-Code ausgeben lassen oder man könnte auf Plugins wie zum Beispiel AdRotate[41] ausweichen:

```
<?php $anzeige = 0; ?>
<?php if (have_posts()) : while
(have_posts()) : the_post(); ?>
<?php $anzeige++; ?>
[...]
    <?php if (($anzeige < 4) and
function_exists('adrotate_group')) {echo
adrotate_group(xy);} ?>
<?php comments_template(); ?>
<?php endwhile; else: ?>
```

Dieses Code-Beispiel hat bereits die Abfrage eingebaut, ob das Plugin AdRotate aktiv ist. Wenn ja, dann soll die Anzeigengruppe mit der Nummer xy ausgegeben wird. Wobei das xy für die ID der jeweiligen Anzeigengruppe in AdRotate steht, die man im Backend ablesen kann.

8. Wie kann ich die Fußzeile des Admin-Bereiches anpassen?

Möchte man den Standardtext im Footer des Adminbereiches von WordPress, wo üblicherweise...

Thank you for creating with WordPress.

... bzw. in der deutschen Übersetzung folgendes steht...

Danke, dass du WordPress benutzt. | WordPress Deutschland

---

41 perun.net/?p=2785

... durch einen eigenen Text austauschen? Dann einfach folgendes in die *functions.php* des Themes eintragen:

```
add_filter( 'admin_footer_text',
'mein_admin_footer_text' );
function mein_admin_footer_text( $mein_text )
{
        return 'Ein toller Text inkl. <a
href="http://www.">Link</a> | Angetrieben mit
<a
href="http://wordpress.org">WordPress</a>';
}
```

9. Wie findet man die ID von Seiten/Artikeln heraus?

In WordPress bekommt jeder Inhalt, egal ob Artikel, Seite oder einen hochgeladene Datei, eine fortlaufende Nummer (ID). Normale Nutzer brauchen diese IDs recht selten. Fügt man aber zum Beispiel des öfteren Bilder-Galerien ein oder wenn man WordPress als "klassisches" CMS einsetzt, dann braucht man die IDs.

Alle IDs kann man standardmäßig herausfinden, wenn man im Backend (aka Adminbereich) über den jeweiligen Link zu einem Artikel oder Bild den Mauscursor hält und die ID aus der URL in der Statusleiste herausliest. Für ab und an ist das OK, wenn man aber öfters IDs braucht, dann ist diese Methode eher unkomfortabel.

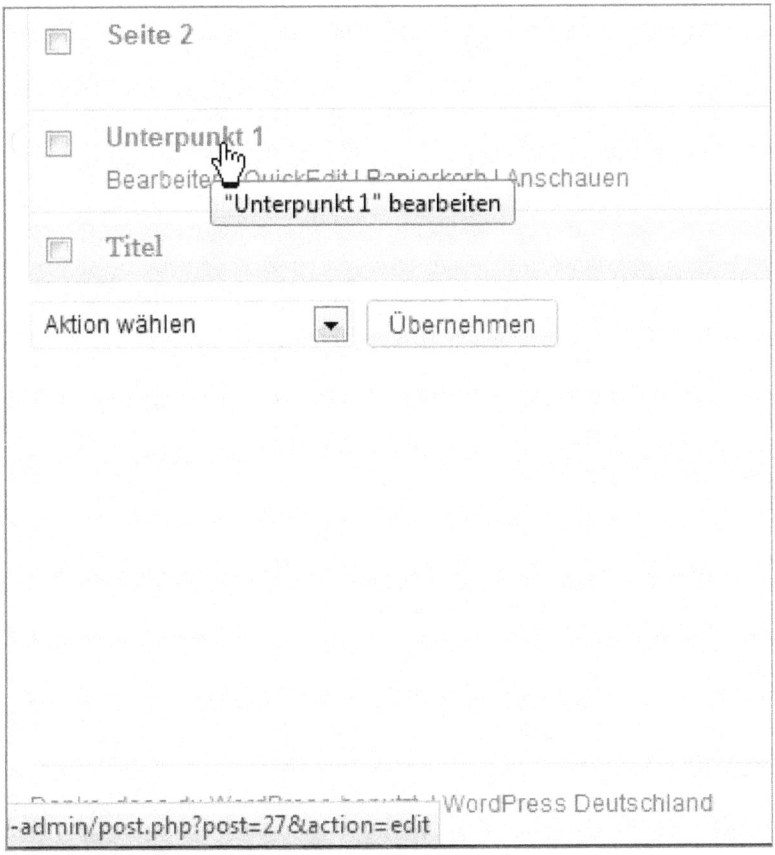

ID im WordPress-Backend anzeigen lassen

Wer aber öfter IDs wissen möchte und diese komfortabel ablesen möchte, der kann zwischen mehreren Plugins wählen. Eines davon nennt sich Simply Show IDs[42].

---

42 wordpress.org/extend/plugins/simply-show-ids/

Categories	Tags	💬	Date	ID
HTML & CSS	e-mail, newsletter	10	2011/05/14 Published	2422
WordPress	wordpress 3.2	0	2011/05/12 Published	2421
WordPress	wordpress-plugins	9	2011/05/10 Published	2417

WordPress IDs, durch ein Plugin angezeigt

Doch dies ist nicht die einzige WordPress-Erweiterung die das kann. Eine Alternative wäre zum Beispiel WP Show IDs (simple, yet elegant)[43].

10. WordPress-Funktionen im Backend verwalten

Ein sehr häufiger Satz, den man in WordPress-Anleitungen liest, ist: "Fügen Sie diesen Code in die *functions.php* des jeweiligen Themes ein."

Wer viele Funktionen zu verwalten oder nicht immer Lust hat immer wieder den Text-Editor aufzurufen, für den wird die Erweiterung mit dem Namen Code Snippets[44] eine sehr komfortable Lösung darstellen.

---

43 wordpress.org/plugins/wp-show-ids/
44 wordpress.org/plugins/code-snippets/

Neuen Code-Schnippsel einfügen

Unter "Codeschnipsel / Hinzufügen" gibt man die neue Funktion ein: zuerst ganz oben die Überschrift, darunter den Code, der durch Syntaxhighlightning hervorgehoben wird und im untersten Feld notiert man die passende Beschreibung.

Hinterher kann man die einzelnen Funktionen, so wie man es auch von den Plugins her kennt, verwalten:

Code-Schnippsel verwalten

Der Vorteil von dieser Lösung gegenüber dem manuellen Bearbeiten der *functions.php* liegt nicht nur im Komfort, sondern auch darin, dass die Funktionen auch erhalten bleiben, wenn man mal das Theme wechseln sollte.

C. SEO, Marketing & Co.

In diesem Abschnitt finden Sie WordPress-Tipps, die sich mit der Suchmaschinenoptimierung (SEO), Marketing und ähnlich gelagerten Themen beschäftigen.

1. Wie erstellt man am einfachsten eine Umfrage?

Es gibt mehrere Möglichkeiten in einem WordPress-Projekt Umfragen durchzuführen. Grundsätzlich unterscheidet man zwischen zwei Varianten: entweder man erstellt die Umfrage auf dem Server eines Dienstes und bindet dann nur das dazugehörige Formular auf seiner Seite ein oder man macht alles auf dem eigenen Server. Für beide Möglichkeiten gibt es Plugins.

1.1 Polldaddy

Eine Möglichkeit eine Umfrage zu erstellen bietet der Dienst Polldaddy[45]. Auf diesen Dienst greifen übrigens auch die WordPress-Entwickler selber zurück, wenn sie Umfragen[46] erstellen.

Der Dienst

Der Dienst ist entweder kostenlos zu nutzen oder aber kostenpflichtig (in zwei Varianten). Die kostenlose Version unterscheidet sich dabei von den kostenpflichtigen dadurch, dass die Abstimmungen (Poll) und Umfragen (Survey) dort einen Link zu Polldaddy enthalten.

Bei den Umfragen bestehen die Unterschiede zudem darin, dass man bei der kostenlosen Variante nur 200 Antworten pro Monat, bei 10 Fragen pro Umfrage erhalten bzw. erstellen darf.

---

45 polldaddy.com
46 perun.net/?p=7476

Für kleinere Umfragen (Survey) reicht also die kostenlose Variante, obwohl man bedenken muss, dass nur 200 Antworten erlaubt sind. Große statistische Auswertungen müssen also mit Vorsicht genossen werden. Bei einfachen Abstimmungen (Poll Vote) gibt es solch eine "Mengenbeschränkung" nicht, also bei großen Besucherzahlen besser auf Abstimmungen setzen.

Nach der Registrierung kann man sofort loslegen.

Eine Abstimmung/Umfrage erstellen

Die Benutzeroberfläche von Polldaddy

Um eine neue Abstimmung bzw. Umfrage zu erstellen wählt man aus dem Dropdown-Menü "Create a new..." das entsprechende aus.

Dann führt einen Polldaddy selbsterklärend durch die Erstellung der Umfrage, beginnend mit der Frage für die Teilnehmer, möglichen Antwortvorgaben etc. Man kann zudem festlegen, ob die Umfrage passwortgeschützt ist, ob die Mehrfachteilnahme erlaubt ist usw.

Im nächsten Schritt geht es dann um das Design. Hier kann

man auf Vorlagen in verschiedenen Breiten zurückgreifen, aber auch selber Hand anlagen und sämtliche Details bestimmen: Rahmen, Abstände, Schrifttyp, -größe, -farbe, Aussehen des Balkendiagramms mit den Abstimmungsergebnissen etc.

Am Ende hat man dann verschiedene Möglichkeiten die Umfrage auf der eigenen Website einzubinden bzw. zu "verteilen". Für das Einbinden kann man entweder ein JavaScript nutzen oder man verweist mit einem Direktlink auf die Umfrage. Man kann den Link dazu auch direkt per E-Mail versenden. Und selbstverständlich ist es auch möglich die Umfrage per Shortcode in einer WordPress-Installation einzubinden. WordPress.com-Benutzer können den generierten Shortcode sofort einfügen, WordPress.org-Nutzer müssen dafür noch das Plugin Polldaddy Polls & Ratings[47] installieren.

Das Plugin

Nach der Installation des Plugins Polldaddy Polls & Ratings muss man sich zunächst einmal mit seinen Zugangsdaten von Polldaddy anmelden.

Hat man sich angemeldet, so erscheinen in einem neuen Menüpunkt alle Umfragen und Abstimmungen, die man bei Polldaddy erstellt hat.

---

47 wordpress.org/plugins/polldaddy/

Polldaddy-Plugin in WordPress-Installation

Fährt man mit der Maus über die erstellte Umfrage erscheinen verschiedene Links:

- Edit: Umfrage/Abstimmung bearbeiten
- Emded & Link: Shortcode, URL und Javascript zur Umfrage/Abstimmung
- Open/Close: Umfrage/Abstimmung öffnen/schließen

- Preview: Vorschau

- Delete: löschen

Die Umfragen und Abstimmungen kann man nun über den Shortcode (s.o.) einfügen, aber auch direkt über den neuen Button "Add Poll", der sich nun oberhalb des Editors befindet.

Mit dem Plugin kann man auch von WordPress aus neue Umfragen und Abstimmungen erstellen ohne sich auf die Website von Polldaddy begeben zu müssen.

1.2 WP-Polls

Die zweite Möglichkeit um Umfragen auf einer WordPress-Website durchzuführen, bietet das Plugin WP-Polls[48]. Hierbei wird die komplette Umfrage auf dem eigenen Server betrieben.

Nach der Installation des Plugins hat man einen neuer Unterpunkt mit dem Namen "Polls". Hier kann man bestehende Umfragen verwalten, neue erstellen (siehe Abbildung) und die Einstellungen des Plugins anpassen. Nachdem man eine Umfrage erstellt hat, kann man sie ganz komfortabel einbinden. Entweder als Widget in die Sidebar oder einen anderen Bereich der Website, welcher als "dynamische Sidebar" deklariert wurde oder innerhalb eines Beitrages bzw. einer Seite.

---

48 wordpress.org/plugins/wp-polls/

Eine neue Umfrage mit WP-Polls erstellen

Wenn Sie die Umfrage innerhalb eines Beitrages einbinden möchten, dann bindet das WordPress-Plugin sowohl für die die visuelle als auch für die Text-Ansicht einen zusätzlichen Button in der Bearbeitungsleiste ein. Die Funktion des Buttons fragt bei der Betätigung nach der ID der Umfrage und dann wird ein Code-Schnipsel eingebunden an der Stelle, an der die Umfrage erscheinen soll.

Hinweis – Die ID der Umfrage finden Sie auf der Übersichtseite in der ersten Spalte.

1.3 Dienst oder selber hosten

Ob man sich jetzt für einen Umfrage-Dienst entscheidet

oder die Umfragen lieber selbst hostet ist von Fall zu Fall zu entscheiden. Hier müssen verschiedene Faktoren berücksichtigt werden. Erwartet man z. B. für eine Umfrage in recht kurzer Zeit viele hundert oder sogar tausende Teilnehmer, dann sollte man sich evtl. doch für einen Dienst entscheiden, wenn man keinen eigenen Server zur Verfügung hat.

Wenn man keine Massen an Teilnehmern erwartet, dann sollte man sich am besten nach dem Bauchgefühl richten und die Lösung vorziehen mit der man sich auch wohl fühlt, gut zu Recht kommt und welche natürlich die gewünschten Funktionen bietet.

2. Wie erstelle ich in WP einen Quiz?

Auch für die Erstellung eines Quiz eignet sich Polldaddy hervorragend. Dies geht allerdings nur über den Online-Dienst und nicht über das Plugin.

Möchte man auch hier ein Plugin nutzen, so wäre ein geeignetes Wp-Pro-Quiz[49].

Beim Erstellen eines neuen Quiz sollte man sich nicht von der Fülle der Möglichkeiten und Optionen überwältigen lassen.

---

49 wordpress.org/plugins/wp-pro-quiz/

Quiz erstellen

zurück zur Übersicht

Quiz Titel (Pflichtfeld)

Optionen

Quiz Titel verstecken	Aktivieren
	Der Titel dient als Quiz Überschrift.
Button "Quiz erneut starten" verstecken	Aktivieren
	Versteckt den Button "Quiz erneut starten" im Frontend.
Button "Fragen ansehen" verstecken	Aktivieren
	Versteckt den Button "Fragen ansehen" im Frontend.
Fragen zufällig ausgeben	Aktivieren
Antworten zufällig ausgeben	Aktivieren
Zeitlimit	0 Sekunden
	0 = Kein Limit
Statistik	Aktivieren
	Statistik über richtige oder falsche Antworten. Statistik wird nur beim vollständigen abschließen des Quiz gespeichert, nicht nach jeder Frage. Die Statistik ist nur über das Adminmenü einsehbar (interne Statistik)

Umfangreiche Quiz-Optionen

Für die Erstellung muss man zunächst einmal aus vielen verschiedenen Optionen wählen. Dabei geht es hauptsächlich darum wie das Quiz präsentiert werden soll: mit oder ohne Nummerierung der Fragen? Gibt es direkt eine Rückmeldung, ob die Antwort korrekt war? Müssen alle Fragen zwingend beantwortet werden?

Erst nach der Festlegung dieser ganzen Einstellungsmöglichkeiten werden die Fragen für das jeweilige Quiz angelegt. Dabei kann man zusätzlich zur eigentlichen Frage und der korrekten Antwort noch festlegen wie viele Punkte die Antwort "Wert" ist. Ob es vielleicht einen Tipp zu der Frage gibt und welche Art von Antwort ist überhaupt möglich. Zur Auswahl stehen dabei folgende Optionen:

- Single choice
- Multiple choice
- "Free" choice
- "Sorting" choice
- "Matrix Sorting" choice
- Lückentext
- Beurteilung

Das Plugin lässt bzgl. der Erstellung und Individualisierung eines Quiz wirklich keine Möglichkeit aus!

Das Quiz lässt sich dann über einen Shortcode in einen Artikel oder auf einer Seite einfügen.

Das ultimative WordPress-Quiz

Hinterlasse eine Antwort

Teste dein WordPress-Wissen

Frage **1** von **1**

1. Frage

Gibt es eine Alternative zu WordPress?

1. ☐ ja

2. ☐ nein

3. ☐ vielleicht

Ein kleines Quiz zu WordPress

Zusätzlich sei erwähnt, dass man einzelne Fragen auch in mehreren Quiz verwenden kann. Und selbstverständlich erhält man zu jedem erstellten Quiz auch eine statistische Auswertung.

3. Einen einfachen Newsletter mit WP betreiben

Wer über FeedBurner[50] den Feed seines Weblogs ausliefert, der hat auch die Möglichkeit seinen Lesern einen einfachen Newsletter anzubieten. Auch in Zeiten von Weblogs und sozialen Netzwerken bevorzugen viele Menschen Newsletter um auf dem Laufenden zu bleiben.

So fern es an einem Tag Blogartikel gibt, verschickt FeedBurner, zu einem festgelegten Zeitpunkt am nächsten Tag, eine E-Mail mit den Artikeln. Gab es an dem jeweiligen Tag keinen neuen Artikel, dann verhält sich auch FeedBurner ruhig.

3.1 Die Einrichtung des FeedBurner-Newsletters

Hinweis – In der folgenden Anleitung gehe ich davon aus, dass Sie schon bei FeedBurner registriert sind und dass Sie den Feed Ihres Weblogs auch über diesen Dienst umleiten. Um den Newsletter einzurichten, muss man sich zu dem Unterpunkt "Publizieren" → "Feed-Aktualisierungen per E-Mail" begeben. Als erstes muss man diese Funktion aktivieren, indem man den Button "Aktivieren" betätigt.

Die "Gestaltung der Begrüßungs- und Bestätigungs-E-Mail

Bevor Sie sich um den Einbau kümmern, begeben Sie sich zu den "Kommunikationseinstellungen" ("Communication Preferences") um die E-Mail zu erstellen bzw. zu personalisieren, die der zukünftige Abonnent bekommt um sein Abo zu bestätigen.

---

50 feedburner.google.com

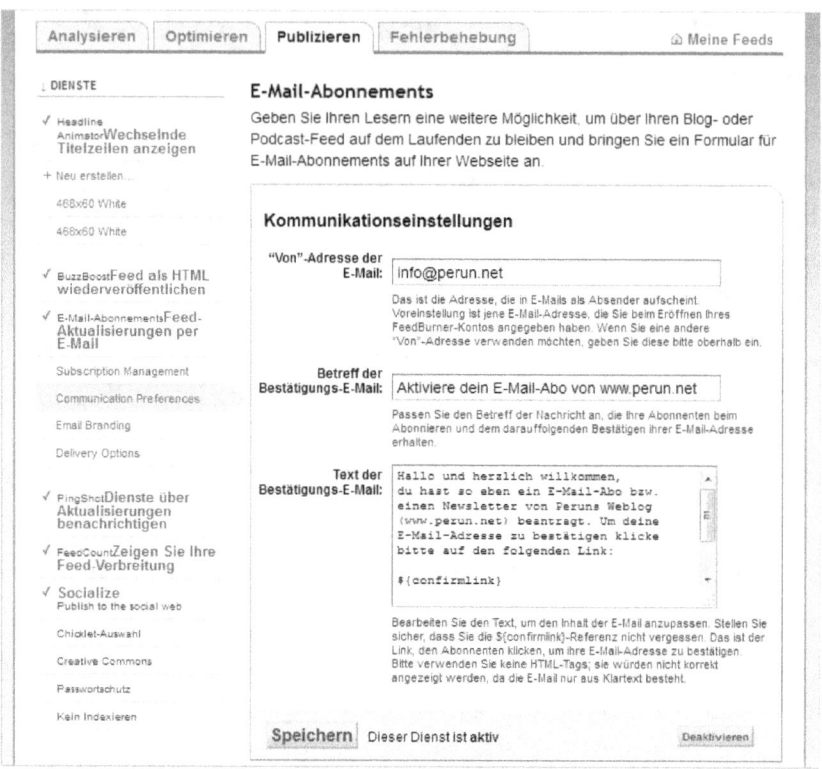

Die Bestätigungs-E-Mail

Wichtig ist, dass man im Text der Bestätigungs-E-Mail den Aktivierungslink einbaut: `${confirmlink}`. Dieser Platzhalter wird später in der E-Mail beim Empfänger in einen vollständigen Aktivierungslink übersetzt. Erst wenn der Empfänger den Link aufgerufen hat wird er im System auf aktiv gesetzt und empfängt ab dahin den Newsletter. Somit ist man mit diesem System auch in Deutschland auf der sicheren Seite: Stichwort Double Opt-in.

E-Mail-Branding: die persönliche Note

Anschließend geht es darum unter "E-Mail-Branding" dem Newsletter eine individuelle Note zu geben.

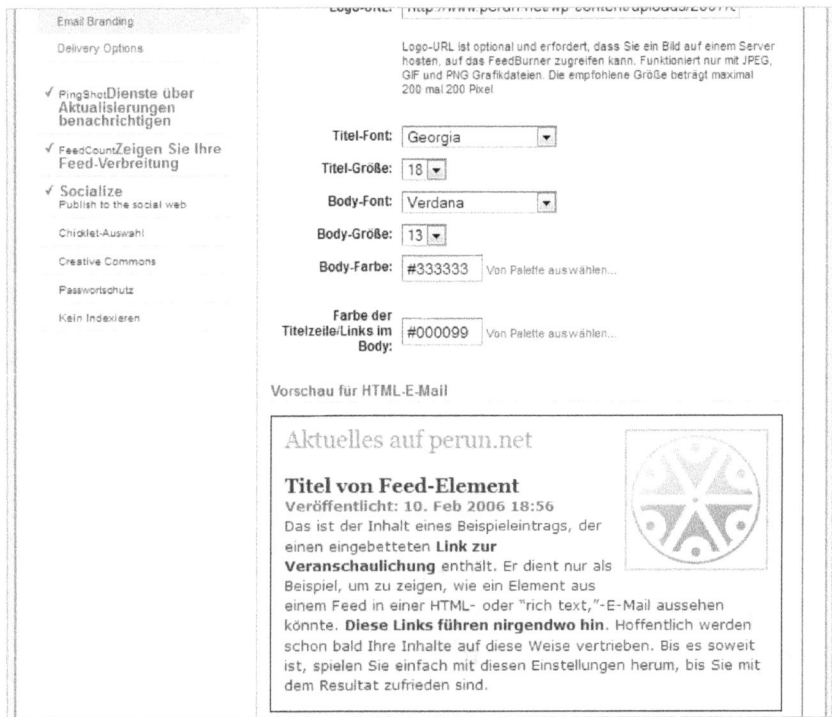

Individuelle Gestaltung des Feedburner-Newsletters

Neben der inhaltlichen Gestaltung der Betreffzeile (inkl. Platzhalterfunktion) kann man für die Newsletter im HTML-Format auch ein eigenes Logo einbinden und das Schriftbild beeinflussen. FeedBurner verschickt den Newsletter sowohl im Text- als auch im HTML-Format. In Abhängigkeit davon was der E-Mail-Client kann bzw. was voreingestellt ist, wird dann das entsprechende Format angezeigt.

Wann soll ich starten?

Unter dem Unterpunkt "Zustellungseinstellungen" ("Delivery Options") stellt man ein wann der Newsletter abgeschickt werden soll.

Zeitzone und die Absende-Zeit

Die erste Einstellung betrifft die Zeitzone und in der zweiten Einstellung wählt man ein Zeitfenster, in dem der Newsletter abgeschickt wird.

3.2 Die Implementierung der Newsletter-Registrierung

Um den Code bzw. den Link zu bekommen, damit sich die Leser auch registrieren können, muss man zurück zu der Startseite des Unterabschnitts, der je nach Stand der Übersetzung "Abonnement-Management" oder "Subscription Management" heißt:

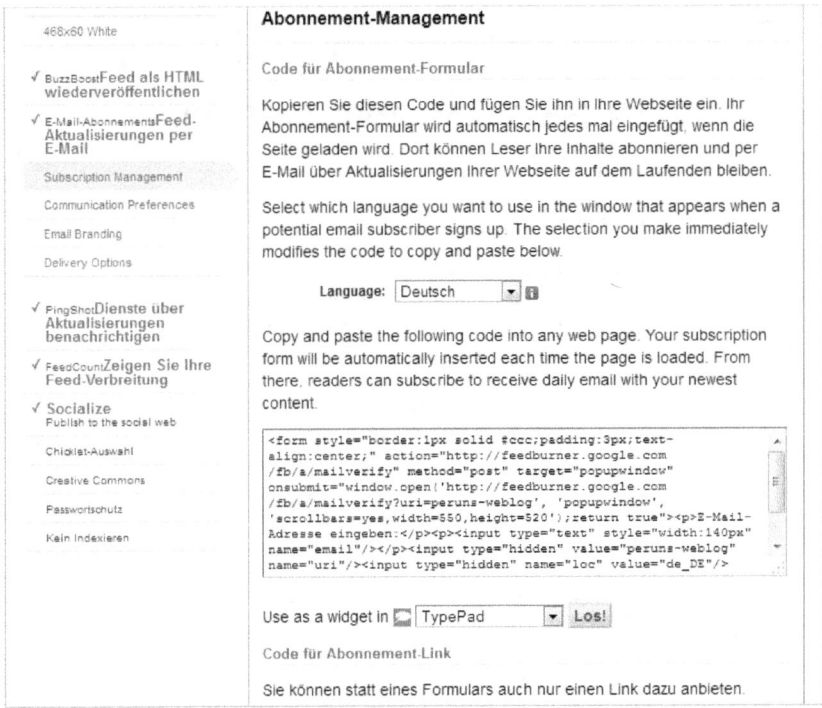

Newsletter-Anmeldung einbauen

Man hat die Wahl zwischen einem Formular oder einem Textlink. Beides gibt es auch als fertige Widgets für TypePad und Blogger. Man kann sich natürlich den Anmelde-Link kopieren, nach eigenen Bedürfnissen anpassen und einbauen. So schaut das Anmeldeformular aus:

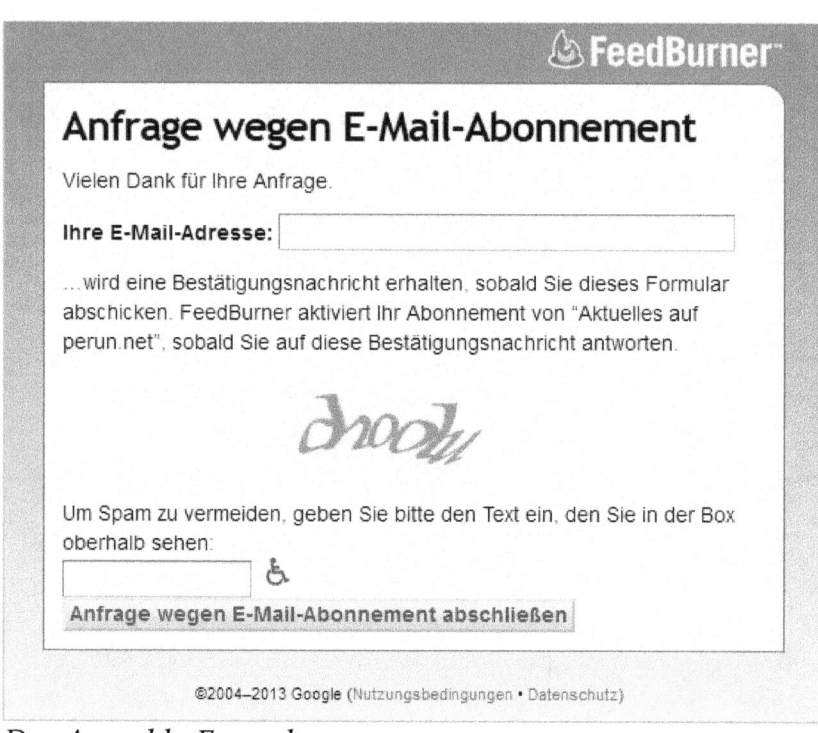

Das Anmelde-Formular

3.3 Die Verwaltung der Abonnenten

Das System verfügt auch über eine sehr einfach gehaltene Verwaltung der Abonnenten, die für viele Betreiber allerdings vollkommen ausreichen sollte. Es wird die Anzahl der Abonnenten angezeigt. Darunter folgt eine Tabelle mit dem Datum der Registrierung und ob diese auch abgeschlossen wurde bzw. ob der Aktivierungslink aufgerufen wurde.

Anschließend kann man sich vom System benachrichtigen lassen wenn jemand das Abo kündigt und man kann die Liste der Abonennten in .csv-Format exportieren lassen.

3.4 Fazit zu der Newsletter-Lösung von FeedBurner

Mit der Funktion "Feed per E-Mail" bietet FeedBurner den Blog-Betreibern eine sehr einfache Möglichkeit, den Lesern auch einen Newsletter als Alternative zu dem RSS-Feed anzubieten um auf dem Laufenden zu bleiben. Dabei kann FeedBurner nicht mit ausgewachsenen Newsletter-Lösungen mithalten, aber das ist auch nicht seine Aufgabe.

Wer mehr Funktionen benötigt, der greift zu so WordPress-Plugins wie es Wysija Newsletters[51] ist oder zu spezialisierten Newsletter-Diensten wie zum Beispiel MailChimp[52].

4. Ein einfaches Kontktformular einbinden

Ein sehr benutzerfreundliches Kontaktformular, das auf sehr vielen WordPress-Websits verwendet wird, ist Contact Form 7[53].

Nach der Aktivierung des Plugins erscheint der neue Menüpunkt "Formular".

---

51 wordpress.org/plugins/wysija-newsletters/
52 eepurl.com/pxwWz
53 wordpress.org/plugins/contact-form-7/

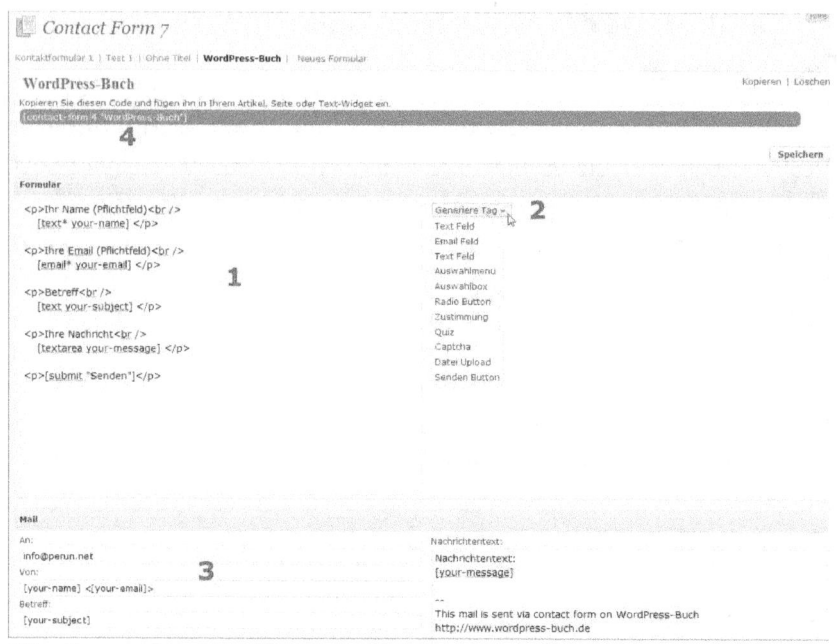

Ein Formular mit Contact Form 7 erstellen

Als *Kontaktformular 1* finden Sie ein bereits vorgefertigtes Formular. Mit einem Klick auf "Neues Formular" können Sie ein weiteres Formular erstellen.

Unter Punkt 1 in der Abbildung sehen Sie in dem Feld, welche Teile das Formular von Anfang an besitzt: Pflichtfeld für den Namen des Absenders, Pflichtfeld für seine E-Mail, Betreff und natürlich die Textbox für die Nachricht ... und logischerweise einen Sende-Button. Ich wage zu behaupten, dass für 95% der Fälle so ein Formular völlig ausreichend ist.

Möchten Sie dennoch weitere Elmente hinzufügen, z. B. ein weiteres Feld oder einen Spamschutz (Captcha), dann klicken Sie einfach Generate Tag (Nr. 2 im Bild) an und suchen Sie sich das passende Element aus. Das Plugin generiert

dann einen Code, den Sie dann in das Feld (Nr. 1 in der Abbildung) einbauen müssen.

Unter Nr. 3 in der Abbildung (nicht komplett in der Abbildung) sehen Sie, in welcher Form die Nachricht an Sie ge-
schickt wird. Vordefiniert sind zwei Möglichkeiten.

Unter Nr. 4 in der Abbildung befindet sich der generierte
Code-Schnipsel, den Sie so innerhalb des Inhaltes einer Page
einfügen können:

```
[contact-form 4 "WordPress-Buch"]
```

Hierbei ist es erfreulicherweise egal, ob Sie den visuellen
oder den Text-Editor einsetzen. Und so schaut das Ergebnis
im Frontend aus:

Kontaktformular mit Contact Form 7

Selbstverständlich können Sie auch die E-Mail personalisieren, die Sie dann erhalten, wenn Ihnen jemand über das Kontaktforumular eine Nachricht zukommen lässt und Sie können diese Nachricht auch standardmäßig an den Absender verschicken lassen.

5. Wie kann ich meine Werbeanzeigen verwalten?

Mit der WordPress-Erweiterung AdRotate[54] kann man sehr gut Werbeblöcke einbinden und verwalten, aber man ist dabei nicht auf Werbung beschränkt sondern damit kann man ebenso andere Blöcke, wie zum Beispiel Hinweise komfortabel verwalten.

Ich habe dieses Plugin sowohl bei mir als auch bei einigen Kundeninstallationen im Einsatz und kann es auf jeden Fall empfehlen. Mit der Erweiterung kann man sowohl einzelne Werbemittel verwalten als auch diese in eine oder mehrere Gruppen einsortieren. Dadurch hat man die Möglichkeit gezielt und thematisch passend die Werbemittel einzeln oder gruppenweise auszugeben.

5.1 Eine neue Anzeige erstellen

Nach der Aktivierung des Plugin hat man im Backend einen zusätzlichen Hauptpunkt mit diversen Unterpunkten. Hier hat man u. a. die Möglichkeit eine neue Anzeige oder neue Anzeigengruppe zu definieren zudem kann man sich die Statistiken anschauen und Einstellungen anpassen.

---

54 wordpress.org/plugins/adrotate/

The basics [Required]

Title:

AdCode:

Options:
%s%, %image%, %link%
HTML/Javascript allowed, use with care!

Basic Examples:
Clicktracking: <a href="%link%">This ad is great!</a>
Image: <a href="http://example.com"><img src="%image%" /></a>
Combination: <a href="%link%"><img src="%image%" /></a>

Advanced Example:
Clicktracking: <span class="ad-text"><a href="%link%">Text Link Ad</a></span>

| Display From: | 25 / August ▾ / 2011 | | | Until: | 24 / August ▾ / 2012 |

Activate: No, no do not show this ad anywhere ▾

Usage

In a post or page: [adrotate banner="64"]   Directly in a theme: <?php echo adrotate_ad(64); ?>

Advanced (Everything below is optional)

Advertiser: Not specified ▾
Must be a registered user on your site with appropriate access roles.

Clicktracking: Enable? □ url
Use %link% in the adcode instead of the actual url.
For a random read/ way an the %search%. A geotarget time&date you can use.

Banner Image: /media/   — OR —   Select image
Banner folder: No image selected ▾
Use %image% in the code. Accepted files are: jpg, jpeg, gif, png, swf and flv. Use either the text field or the dropdown. If the textfield has content that field has priority.

Weight:
○ 2, Barely visible
○ 4, Less than average
◉ 6, Normal coverage
○ 8, More than average
○ 10, Best visibility

Maximum Clicks: Disable after 0   clicks! Leave empty or 0 to skip this.
Maximum Impressions: Disable after 0   impressions! Leave empty or 0 to skip this.
Expected Clicks: 0   Set a target or milestone for clicks. Shows in the graph. Leave empty or 0 to skip this.
Expected Impressions: 0   Set a target or milestone for impressions. Shows in the graph. Leave empty or 0 to skip this.

Select Groups

Eine Anzeige mit AdRotate

Als erstes gibt man den Titel des Werbemittels ein, dieser erscheint später in der Übersicht der vorhandenen Werbemittel und dient daher nur internen Zwecken. Darunter kommt der Code des jeweiligen Werbemittels. Hierbei kann man auch mit Platzhaltern %link% für die Verweise und %image% für die Bilder arbeiten.

Der Platzhalter %link% funktioniert aber nur wenn man weiter unten unter *Clicktracking* die Checkbox aktiviert und dort die eigentliche URL eingibt. Dies sollte man allerdings bei klickbasierter Werbung nicht machen und bei AdSense & Co. kommt diese Funktion eh nicht zum tragen, da man Javascript-Code einbinden muss.

Der Platzhalter %image% funktioniert nur, wenn man weiter unten unter "Banner image" ein Bild aus der Mediathek auswählt.

Weitere Einstellungen, die man tätigen kann sind der Zeitraum in denen die Werbung angezeigt wird, Anzeige de-/aktivieren, ob die Werbung nach einer bestimmten Anzahl von Klicks oder Einblendungen deaktiviert werden soll und in welche Gruppe der Banner einsortiert werden soll. Darüber hinaus kann man für die einzelnen Anzeigen bestimmen, ob sie seltener oder häufiger angezeigt werden sollen.

5.2 Einzelne Anzeigen und Gruppen in Beiträgen oder Template-Dateien einbinden

Nachdem man die Anzeigen definiert und sie evlt. in eine oder mehrere Gruppen einsortiert hat, geht es darum diese einzubinden. Um die Anzeigen und Gruppen einzubinden hat man bei AdRotate zwei Möglichkeiten. Zum einen kann man mittels Shortcodes die einzelnen Anzeigen, zum Beispiel [adrotate banner="123"], oder Gruppen, zum Beispiel [adrotate group="123"], einbinden.

Alternativ kann man mit PHP die Anzeigen oder Gruppen in den entsprechenden Template-Dateien einbinden:

```php
<?php
if (function_exists('adrotate_group')) {
    echo adrotate_ad(123);
}
// bzw.
if (function_exists('adrotate_group')) {
    echo adrotate_group(123);
}
?>
```

Selbstverständlich muss man die ID (hier als Beispiel 123) durch die passende ersetzen. Die IDs der Anzeigen und Gruppen findet man in der Übersicht und die passenden Code-Beispiele in der Einzelansicht der Anzeige bzw. Gruppe.

5.3 Die Vorteile von AdRotate

Die Vorteile von AdRotate liegen klar auf der Hand. An einer zentralen Stelle hinterlege ich das Werbemittel oder einen Hinweis. Mit Hilfe von Shortcodes oder PHP-Code kann ich sowohl die einzelnen Anzeigen als auch Gruppen an mehreren Stellen einbinden und dennoch reicht die Änderung in der Zentrale und alle Blöcke sind aktuell.

Darüber hinaus bekomme ich Statistiken und kann an mehreren Stellen die Ausgabe steuern, zum Beispiel: Hinweis mit der ID 25 soll zwischen dem 01.-30. September online gehen, dabei soll er nach max. 1.250 Aufrufen offline gehen und soll dabei öfters zu sehen als die anderen Hinweise in der gleichen Gruppe.

6. Wie kann ich die Ausgabe des Feeds um zusätzliche Inhalte erweitern?

Um unter anderem einen Textblock, eine Grafik, Veranstaltungshinweis oder Werbung unter den einzelnen Artikel im Newsfeed einbinden, kann man zum einen ein Plugin wie Better Feed[55] nutzen.

Die Frage bleibt, ob man das auch ohne eine Erweiterung

---

55 perun.net/?p=1564

realisieren kann und kann man **zusätzliche Inhalte zwischen der Überschrift und dem Artikel** einfügen? Also
nicht unterhalb sondern oberhalb des Artikels? Ja, das geht.

Es gibt mehrere Anleitungen im Web, wie man ein komplett
eigen gestricktes Feed-Template erstellen kann. Eines der
ausführlicheren Tutorials findet man auf 456bereastreet.-
com[56]. Doch diese Mühe lohnt sich nur, wenn man wirklich
die Feed-Ausgabe komplett umkrempeln möchte.

Will man lediglich oberhalb und/oder unterhalb de Artikel
etwas einfügen, dann reicht folgender Code in der *functions-
.php* aus:

```
function feed_zusatz($content) {
    $mein_inhalt = '<hr />
    <p><a href="#">Mein Inhalt</a></p>
    <hr />';
    $content = $mein_inhalt.$content.
$mein_inhalt;
    return $content;
}
add_filter('the_excerpt_rss', 'feed_zusatz');
add_filter('the_content_rss', 'feed_zusatz');
```

Ich denke mal, dass der Code so weit verständlich sein sollte.
Unter $mein_inhalt fügt man seinen zusätzlichen Inhalt
ein und $content = $mein_inhalt.$content.
$mein_inhalt; bedeutet, dass vor und nach dem Artikel,
der zusätzliche Inhalt eingebunden wird.

Möchte man nur vor dem Artikel etwas einfügen, dann
reicht $content = $mein_inhalt.$content; und

---

56 456bereastreet.com/archive/201103/controlling_and_customising_rs
    s_feeds_in_wordpress/

andersherum wird bei `$content` = `$content.`
`$mein_inhalt;` nur nach dem Artikel, der zusätzliche Inhalt eingebunden.

Sicherlich, man kann vor und nach dem Artikel unterschiedliche Zusätze einbinden, zum Beispiel: `$content` = `$mein_inhalt.$content.$mein_inhalt_2;`. Dann muss man allerdings vorher die Variable `$mein_inhalt_2` definieren.

Eine weitere Möglichkeit um den Feed zu erweitern bieten Plugins, die es erlauben, dass Inhalte von benutzerdefinierten Feldern ebenfalls im Newsfeed erscheinen: zum Beispiel Custom Fields For Feeds[57] oder RSS Custom Fields[58].

Ich persönlich halte diese Vorgehensweise für weniger praxistauglich. Es ist wieder ein zusätzlicher Punkt an den man denken muss, wenn man mal schnell einen Artikel veröffentlichen möchte.

---

57 justintadlock.com/archives/2008/01/27/custom-fields-for-feeds-wordpress-plugin
58 wordpress.org/plugins/rss-custom-fields/

D. Performance, Sicherheit, Anti-Spam

In diesem Abschnitt finden Sie WordPress-Tipps, die sich mit der Performance-Optimierung, der Sicherheit und den Anti-Spam-Maßnahmen für Ihre WordPress-Installation beschäftigen.

1. Sinnvolle Sicherheitsmaßnahmen für WordPress

Um die Sicherheit Ihrer WordPress-Installation zu erhöhen können Sie schon während der Installation Maßnahmen ergreifen, aber auch danach kann man für die Sicherheit einiges tun.

1.1 Sicherheitsschlüssel einsetzen

Zur Installation von WordPress müssen Sie zunächst in der Datei *wp-config.php* einige Angaben machen, z. B. zu Ihrer Datenbank. An anderer Stelle gilt es aber auch Angaben zu machen, damit die Sicherheit Ihrer WordPress-Installation erhöht wird.

Seit der Version 2.6 gibt es in der Konfigurationsdatei nämlich die Möglichkeit Sicherheitsschlüssel festzulegen.

Dazu finden Sie in der *wp-config.php* folgenden Abschnitt:

```
/**#@+
 * Sicherheitsschlüssel.
 *
 * Ändere jeden KEY in eine beliebiege,
möglichst einzigartige Phrase.
 * Auf der Seite {@link
https://api.wordpress.org/secret-
key/1.1/salt/ WordPress.org secret-key
service} kannst du dir alle KEYS generieren
lassen.
 * Bitte trage für jeden KEY eine eigene
Phrase ein. Du kannst die Schlüssel jederzeit
```

```
wieder ändern, alle angemeldeten Benutzer
müssen sich danach erneut anmelden.

 * @seit 2.6.0
 */
define('AUTH_KEY',           'put your unique
phrase here');
define('SECURE_AUTH_KEY',    'put your unique
phrase here');
define('LOGGED_IN_KEY',      'put your unique
phrase here');
define('NONCE_KEY',          'put your unique
phrase here');
define('AUTH_SALT',          'put your unique
phrase here');
define('SECURE_AUTH_SALT',   'put your unique
phrase here');
define('LOGGED_IN_SALT',     'put your unique
phrase here');
define('NONCE_SALT',         'put your unique
phrase here');
/**#@-*/
```

Mit den acht "Sicherheitsschlüsseln" und den dazugehöri-
gen Werten (innerhalb des nächsten Hochkomma-Paares)
verschlüsseln Sie die Login-Daten. Hierbei spricht man
auch von "gesalzenen" Passwörtern. Sie können diesen neu-
en Abschnitt auch aus der neuen *wp-config.php* kopieren
und in Ihre bestehende (bei einem Update) einfügen.

Besuchen Sie dafür einfach die Website[59], die im erläutern-
den Text erwähnt wird.

---

59 api.wordpress.org/secret-key/1.1/salt/

```
define('AUTH_KEY',          ';UcQOzGobpOh@1~!Q;=:X(X-B14btD8Yu9w/iTw+Uze)U~Ir.!fHN)S&1n1));~r');
define('SECURE_AUTH_KEY',    'q&>z^%c-m3M95m0apnzH(+2QFV-P7_YcV,xGx/-Ec9C 7| .Vdg}RcE*VPM7pV|+');
define('LOGGED_IN_KEY',      '&h,nF+sX}m^=/wy+EOMp.*G$.:/8ZMa_^KL354:.=(WO-FIz&F.PC>,F+Wr&cpr*');
define('NONCE_KEY',          'VYr<NW!6i4&?!.;;_M|Bz2M1Ld2fr[S4{:_%t55N$O(:xRZ2s/gWtqw#+0,FZ|Td');
define('AUTH_SALT',          'gU/v&LJE):g}BCrc!q%aj4L+)zi|`T;O/,{Mxz(W*rcMYP]<$Xo4RXUhPN,|K|d|');
define('SECURE_AUTH_SALT',   '(Q0p8zC+y[*$_pCKMa#{v$X^?Zxz)1n|T{lm9e4<9r3; XP3`4 ~Tb.(]rX|Zr-v');
define('LOGGED_IN_SALT',     '41pu7CB|?qG`%(*lyna:&Dc-@PYa=|:`}6[+?YZ!_3= 0pOQOa+}!Kf`1$aY-Ui$');
define('NONCE_SALT',         ')wM^e=uV1qY1QsHO$X6-a~ |b11^P]qt^+LP?ZOW?)KSZZn,!x+D1SSvR|&FnY=}');
```

Die Secret Keys

Jedes Mal, wenn Sie die Website aufrufen, wird auf Zufallsbasis ein Schlüssel generiert. Markieren Sie die kompletten Zeilen und kopieren Sie sie. Ersetzen Sie damit die entsprechenden Zeilen in der *wp-config.php*. In unserem Fall sollte der entsprechende Teil dann folgendermaßen ausschauen:

```
define('AUTH_KEY',              ';UcQOzGobpOh@1~!
Q;=:X(X~B14btD8Yu9w/iTw+Uze)U~Ir.!
fHN)S&1n1));~r');
define('SECURE_AUTH_KEY',  'q&>z^%c-
m3M95m0apnzH(+2QFV-P7_YcV,xGx/-Ec9C 7|
.Vdg}RcE*VPM7pV|+');
define('LOGGED_IN_KEY',
'&h,nF+sX}m^=/wy+EOMp.*G$.:/8ZMa_^KL354:.=(WO
-FIz&F.PC>,F+Wr&cpr*');
define('NONCE_KEY',             'VYr<NW!
6i4&?!.;;_M|Bz2M1Ld2fr[S4{:_
%t55N$O(:xRZ2s/gWtqw#+0,FZ|Td');
define('AUTH_SALT',             'gU/v&LJE):g}BCrc!
q%aj4L+)zi|`T;O/,{Mxz(W*rcMYP]<$Xo4RXUhPN,|K|
d|');
define('SECURE_AUTH_SALT',
'(Q0p8zC+y[*$_pCKMa#{v$X^?Zxz)1n|T{lm9e4<9r3;
XP3`4 ~Tb.(]rX|Zr-v');
define('LOGGED_IN_SALT',     '41pu7CB|?qG`%
(*lyna:&Dc-@PYa=|:`}6[+?YZ!_3= 0pOQOa+}!
Kf`1$aY-Ui$');
define('NONCE_SALT',
')wM^e=uV1qY1QsHO$X6-a~ |b11^P]qt^+LP?
```

```
ZOW?)KSZZn,!x+D1SSvR|&FnY=}');
```

Durch diese einfache Maßnahme haben Sie die Sicherheit zusätzlich erhöht. Sie müssen sich die geheimen Schlüssel natürlich nicht merken und daher würde ich Ihnen auch nicht empfehlen, hier einfachere oder kürzere Kombinationen einzutragen ... und natürlich sollten Sie auch nicht das o. g. Beispiel verwenden.

1.2 Nicht *admin* als Nutzernamen wählen

Nachdem Sie alle WordPress-Dateien auf Ihren Server hochgeladen haben, rufen Sie die Installationsdatei (*install.php*) im Browser auf. Die Datei befindet sich im Ordner *wp-admin*. Daher müssten Sie Folgendes in die Adressleiste Ihres Browsers eintippen:

> *www.meine-blog-adresse-de/wp-admin/install.php*

Wenn Sie bis jetzt alles richtig gemacht haben, sollte folgendes Bild zu sehen sein:

WordPress-Installation verlangt Angaben

Hier haben Sie nun die Möglichkeit, den Namen des Weblogs (Blogtitel), individuellen Nutzernamen, eigenes Passwort die E-Mail-Adresse des Administrators einzugeben.

Bei der Wahl des Nutzernamens sollten Sie auf jeden Fall irgendetwas anderes als *admin* nehmen. Auch wenn Sie sich hierbei für *Administrator* entscheiden ist dies dennoch sicherer als den Benutzernamen bei *admin* zu belassen. Einfach deswegen, weil Sie sich damit von der Masse abheben und es einem potentiellen Angreifer erschweren, der mit Hilfe von Skripten versucht auf vielen, verschiedenen Weblogs einzudringen.

1.3 Sicheres Passwort?

Sowohl bei der Installation (wie Sie in der oberen Abbildung sehen können) von WordPress wie auch später beim Anlegen von neuen Nutzern ist das Erstellen eines Passwortes notwendig. Und dies sollte in jedem Fall sicher sein.

Ein sicheres Passwort erfüllt die folgenden Kriterien:

- 7 Zeichen lang
- Groß- und Kleinschreibung beinhalten
- Ziffern und Symbole wie ! " ? $ % ^ &) beinhalten

WordPress zeigt einem mit Hilfe einer Farbskala (grün = sehr sicher, rot = unsicher) an, ob man ein sicheres Passwort gewählt hat.

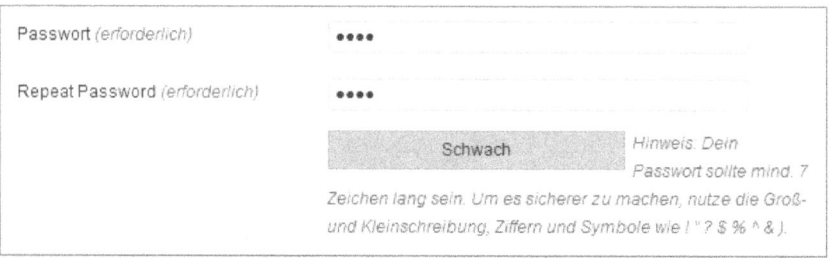

Ein schwaches Passwort

1.4 Limit Login Attempts installieren

Die WordPress-Erweiterung mit dem Namen Limit Login

Attempts[60] schafft zusätzliche Sicherheit, indem es die Anzahl der möglichen Loginversuche begrenzt, die innerhalb eines festgelegten Zeitraumes stattfinden dürfen.

Viele Angreifer schicken Skripte auf Websites los, die dann mit der sog. Brute-Force-Methode[61] versuchen, in den Admin-Bereich zu gelangen: Anmeldeversuch nach Anmeldeversuch, dabei werden jedes Mal neue Logindaten ausprobiert. Dem schiebt das Plugin einen Riegel vor und deswegen sollten Sie es recht zügig nach der Installation von WordPress aktivieren.

Limit Login Attempts Einstellungen

Statistik

Bisher vorgenommene Sperrungen	Zähler zurücksetzen	18 Sperrungen seit letztem Zurücksetzen

Einstellungen

Sperrung	4	erlaubte Anmeldeversuche	
	30	Minuten Sperrung nach Überschreiten der zulässigen Anmeldeversuche	
	2	Sperrungen erhöhen die insgesamte Sperrzeit um 24	Stunden
	18	Stunden bis fehlgeschlagene Anmeldeversuche zurückgesetzt werden	
Verbindungsweg zu dieser Webseite	Der Zugriff auf diese Webseite erfolgt auf direktem Weg (von Ihrer IP: ▓▓▓▓▓▓▓) ◉ Direkte Verbindung ○ Über einen Reverse Proxy Server		
Anmeldungen via Cookies berücksichtigen	◉ Ja ○ Nein		
Benachrichtigung im Falle einer Sperrung	☑ IP protokollieren ☐ Email an den Administrator nach 2 Sperrungen		

Einstellungen speichern

Einstellungen von Limit Login Attempts

Die Einstellungen sind selbsterklärend und Sie können ruhig die Standardwerte aktiv lassen. Das Plugin sperrt im Beispiel aus der Abbildung die IP-Adresse desjenigen, der versucht, sich einzuloggen, nach vier erfolglosen Loginversuchen für

---

60 wordpress.org/extend/plugins/limit-login-attempts/
61 de.wikipedia.org/wiki/Brute-Force-Methode

30 Minuten aus. Nach insgesamt zwei solchen Sperrungen wird die IP zur einer Sperrzeit von 24 Stunden verurteilt.

2. Wie verbessere ich die Performance meiner WordPress-Installation?

Bei der Performance-Optimierung von Wordpress-Installationen gibt es eine große Schnittmenge mit den Maßnahmen, die man auch bei einer statischen HTML-Seite anwenden würde. Große Potentiale birgt die Optimierung von Bildern und ein vernünftiger Umgang mit Erweiterungen und Modulen, die Javaskripte benötigen.

Im folgenden gibt es ein paar Tipps, mit denen man die Performance seiner WordPress-Website verbessern kann. Sicher, dass sind einige und nicht alle Tipps. Aber auch hier gilt die 80:20-Regel[62]: mit 20% der Maßnahmen erreicht man 80% der Effekte. Es geht hier um Maßnahmen, die auch ein weniger erfahrene Nutzer umsetzen kann und die dennoch eine hohe Wirkung entfalten können.

2.1 Bilder und Videos im Inhalt optimieren

Ein guter Blog-Artikel beinhaltet nach Möglichkeit aussagekräftige Bilder und falls vorhanden auch Videos bzw. Screencasts. Das hilft dem Leser und wird auch von den Suchmaschinen honoriert. Hier verbirgt sich ein hohes Optimierungspotential und hier kann auch ein Nutzer, der keine Admin-Rechte hat mithelfen.

Vielfach sind die Abbildungen nicht optimiert: es wird häu-

---

62 de.wikipedia.org/wiki/Paretoprinzip

fig das falsche Format gewählt und die Bilder wurden nicht für die Webausgabe komprimiert.

Ganz grob kann man folgendes sagen. Das Format JPG[63] eignet sich für Fotos und Grafiken mit sehr vielen Farben (zum Beispiel sehr feine Verläufe) und/oder für Grafiken mit fotografischen Komponenten. Die Formate GIF[64] und PNG[65] eignen sich für den Rest und wenn Transparenzeffekte benötigt werden. GIF kann auch Animationen darstellen. So weit zu den drei Pixel-Grafik-Formaten, die im Web die weiteste Verbreitung haben.

Um die Bilder zu Recht zu schneiden und zu komprimieren, muss es nicht immer Photoshop sein. Auch Freeware-Programme wie IrfanView[66] & Co. liefern sehr gute Ergebnisse.

Videos kann man auf zwei Wegen sparsamer einbinden. Entweder indem man auf das Plugin WP YouTube Lyte[67] zurückgreift – hier wird ein Vorschaubild eingebunden und erst auf den zweiten Klick das Video abgespielt – oder in dem man manuell einen Screenshot des abspielenden Videos erstellt und im Artikel einbindet und auf das Video verlinkt.

2.2 Template-Dateien ausmisten

Auch im Theme und bei den einzelnen Template-Dateien kann man einiges erreichen. Als erstes sollte man schauen, dass man auf die CSS-Datei per `link` und nicht per

---

63   de.wikipedia.org/wiki/JPEG
64   de.wikipedia.org/wiki/Graphics_Interchange_Format
65   de.wikipedia.org/wiki/Portable_Network_Graphics
66   perun.net/?p=3361
67   perun.net/?p=3340

@import verweist. Die link-Lösung ist performanter[68].

Nicht mehr benötigte CSS-Regeln sollte man entfernen. Hierbei kann das Tool CSS Usage[69] helfen. Darüber hinaus sollte man schauen, ob man die Regeln in Kurzschreibweise notieren kann. Aus...

```
.inhalt {
    font-weight: bold;
    font-size: 1.2em;
    font-family: verdana, arial, sans-serif;
    margin-top: 10px;
    margin-right: 12px;
    margin-bottom: 15px;
    margin-left: 5px;
    color: #333333;
}
```

... wird dann folgendes...

```
.inhalt {
    font: bold 1.2em verdana, arial, sans-
serif;
    margin: 10px 12px 15px 5px;
    color: #333;
}
```

Man kann auch die gleichen Deklarationen zusammenfassen. Aus...

```
.sidebar {
    padding: 1em;
```

68 stevesouders.com/blog/2009/04/09/dont-use-import/
69 perun.net/?p=3440

```
    margin-top: 2em;
    font-size: 14px;
}

.zusatz-sidebar {
    padding: 1em;
    margin-top: 2em;
    font-size: 14px;
}
```

... wird dann...

```
.sidebar, .zusatz-sidebar {
    padding: 1em;
    margin-top: 2em;
    font-size: 14px;
}
```

Gibt es in der *functions.php* und der *.htaccess* Anweisungen, die nicht mehr notwendig sind? Dann raus damit ... evtl. in eine Textdatei, die Ihnen als Archiv für schon mal benutze Code-Fragmente dient.

2.3 Vernünftiger Umgang mit Plugins und Social-Dingens

Generell sollte man bei der Einbindung von Plugins sparsam vorgehen und sich kritisch hinterfragen: Brauche ich das Plugin und gibt es sparsamere Alternativen?

Manche Plugins, wie das Get Recent Comments[70] cachen die Ausgabe und davon sollte man auf jeden Fall Gebrauch ma-

---

70 wordpress.org/extend/plugins/get-recent-comments/

chen. Im Artikel "Welches Plugin bremst die Seite aus?"[71] habe ich P3 (Plugin Performance Profiler) vorgestellt. Dieses Plugin zeigt auf welche Plugins, die meisten Ressourcen beanspruchen.

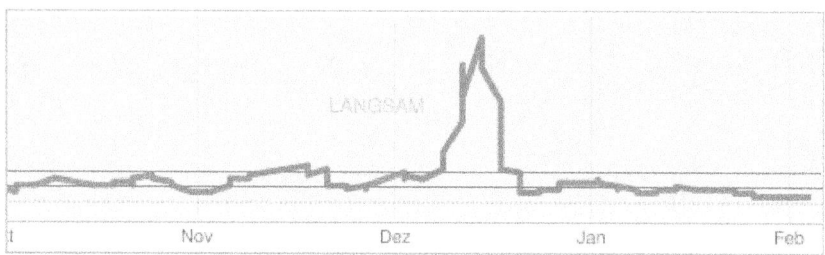

Performance Optimierung: dynamische vs. statische Social-Buttons

In den beiden Artikeln "Performance Optimierung: dynamische vs. statische Buttons, was sagt Google dazu?"[72] und "Facebok: Like-Box entfernen & Website beschleunigen"[73] habe ich gezeigt, wie sich die Einbindung von den sozialen Netzwerken bzw. Social-Buttons auf die Performance der Website auswirken kann.

Durch die Einbindung von zusätzlichen Javascripten, CSS, Grafiken und iframes haben diese Dienste ein hohes Potential um die Website auszbremsen. Hier muss jeder Webmaster für sich selber entscheiden: ist ihm die Performance oder die zusätzliche soziale Reichweite wichtiger.

2.4 Komprimieren und besser Cachen

Läuft auf Ihrem Server Apache 2 und haben Sie Zugriff auf

---

71   perun.net/?p=3608
72   perun.net/?p=3546
73   perun.net/?p=2789

die *.htaccess*? Dann einfach folgendes in die Datei eintragen:

```
# mod_deflate (gzip) aktivieren
<FilesMatch "\\.(js|css|html|htm|php|xml)$">
SetOutputFilter DEFLATE
</FilesMatch>

# ExpiresHeader: verhindert bedingte GET-
Anfragen
<IfModule mod_expires.c>
ExpiresActive on
ExpiresDefault "access plus 35 days"
</IfModule>
```

Der erste Block aktiviert auf dem Apachen 2 die Komprimierung (gzip) und es werden alle relevanten Textdateien – CSS, HTML etc. – auf dem Server komprimiert. Grafiken muss man hier nicht aufnehmen, da Sie diese mit einem vernünftigen Grafikprogramm eh schon komprimiert haben ... das würde nur unnötig den Server belasten.

Der zweite Block spendiert den Dateien im Cache eine zusätzliche Information, so dass der Server die Dateien aus dem Cache direkt lädt ohne noch einmal mit dem Server zu kommunizieren. Siehe auch "WordPress-Websites beschleunigen 4: ein Zwischenergebnis"[74].

Nachdem Sie diese Maßnahmen konsequent umgesetzt haben, lohnt es sich über weitere Maßnahmen nachzudenken. Hierbei denke ich in erster Linie an die Caching-Plugins für WordPress...

---

74 perun.net/?p=1549

3. Welche Caching-Plugins sind empfehlenswert?

Nachdem Sie die oberen Maßnahmen schon umgesetzt haben, kann man eines der vielen Caching-Plugins installieren. Ich persönlich bevorzuge Hyper Cache[75], da ich bis jetzt damit die besten Ergebnisse bei der Performance-Optimering im Frontend erreichen konnte. Ebenfalls sehr empfehlenswert ist das Plugin Cachify[76] von Sergej Müller.

Beide Plugins liefern nicht nur sehr gute Ergebnisse, sondern sind auch recht schlank gehalten im Gegensatz zu so Optionsmonstern wie es W3-Cache oder WP-Super-Cache sind.

4. Wie bekämpfe/dämme ich den Kommentar-Spam ein?

Durch die Funktion "muss jeder Kommentar von einem Administrator überprüft werden" in "Einstellungen / Diskussion", die standardmäßig aktiv ist, bietet Wordpress bereits eine sehr wichtige Maßnahme, damit Kommentar-Spam nicht veröffentlicht wird. In der "Kommentarmoderation" und der "Kommentar-Blacklist" können Sie Eingaben tätigen, die wenn Sie im Kommentar auftauchen, dazu führen, dass der Kommentar automatisch in die "Warteschlange" verschoben wird oder im Fall von "Kommentar-Blacklist" der Selbige sofort gelöscht wird.

Allerdings werden Sie früher oder später nicht umhin kom-

---

75 wordpress.org/extend/plugins/hyper-cache/
76 perun.net/?p=3696

men einen Anti-Spam-Plugin zu installieren. Sehr gute Arbeitet leistet hierbei das Plugin Akismet. Leider ist diese Erweiterung in Bezug auf den Datenschutz[77] nicht ganz unproblematisch.

Mindestens genau so leistungsfähig, aber unproblematisch in Sachen Datenschutz ist das Plugin Antispam Bee[78] von Sergej Müller.

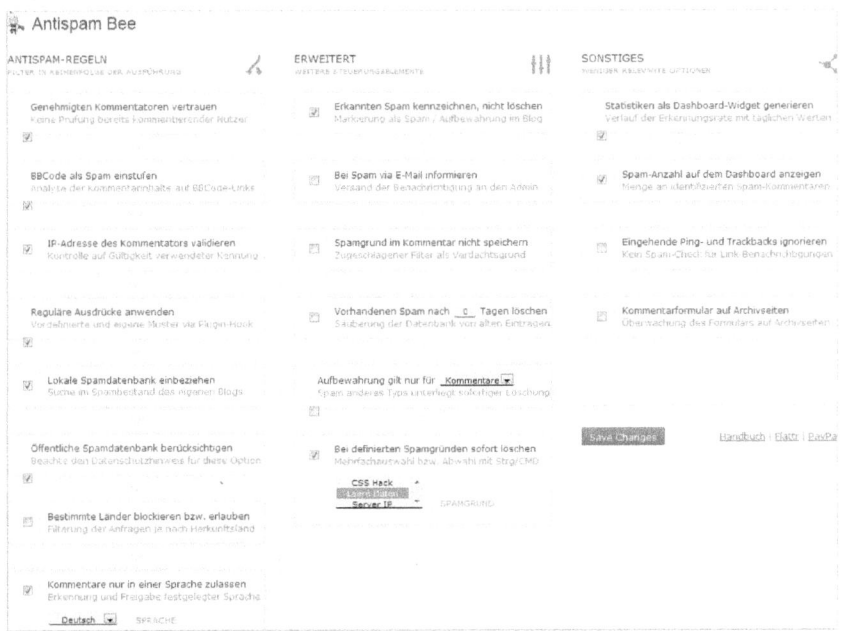

Sinnvolle Einstellungen für Antispam Bee

In der oberen Abbildungen sehen Sie die Plugin-Einstellungen aus einem meiner Projekte. Wichtig ist, dass man sowohl die öffentliche als auch die lokale Spam-Datenbank berücksichtigt. Damit vor allem die lokale Spam-Datenbank ordentliche Erkennungsraten beisteuert, darf man den Ord-

---

77 blog.wpde.org/?p=924
78 perun.net/?p=7345

ner mit den Spam-Kommentaren nicht leeren ... je voller dieser ist, umso bessere Ergebnisse kann Antispam Bee liefern.